Gengis Kan

Gengis Kan

Por Rafael Rutiaga

Grupo Editorial Tomo, S. A. de C. V.
Nicolás San Juan 1043
03100 México, D. F.

1a. edición, noviembre 2004.

Nicolás San Juan 1043, Col. Del Valle
03100 México, D.F.
Tels. 5575-6615, 5575-8701 y 5575-0186
Fax. 5575-6695
http://www.grupotomo.com.mx
ISBN: 970-775-065-0
Miembro de la Cámara Nacional
de la Industria Editorial No 2961

Proyecto: Rafael Rutiaga
Diseño de Portada: Trilce Romero
Formación Tipográfica: Rafael Rutiaga
Supervisor de producción: Leonardo Figueroa

Impreso en México - *Printed in Mexico*

CONTENIDO

Prólogo

En el siglo XII el pueblo mongol vivía en el extremo oriental del desierto de Gobi. Eran tribus semisalvajes dispersas y con frecuentes conflictos internos.

Hasta el siglo XI habían formado parte de los imperios turcos, pero durante el siglo XII recibieron la protección de los emperadores chinos a cambio de sus servicios militares contra los manchúes del Norte.

Los mongoles vivían en tiendas de campaña, las cuales se hallaban distribuidas en grupos o clanes. Eran un pueblo nómada que se sostenía de lo que le producían sus ganados, de la caza y de lo que obtenían en la guerra contra las tribus enemigas.

Esta situación cambió durante la segunda mitad del siglo XII, cuando surgió un líder guerrero, hijo de un jefe de tribu, llamado más tarde Gengis Kan, que logró unificar a las distintas tribus para pelear por un fin común. El resultado de la política conquistadora de este caudillo fue la creación de un enorme Imperio, que incluía la China del Norte, el Turquestán del Este, el Asia Central, una parte de Europa y los territorios de Irán y del Cáucaso .

La dominación originada por Gengis Kan frenó por algún tiempo el desarrollo de varios países de Asia y Europa. Pero por otra parte, se realizaron una serie de cambios en el desarrollo cultural de los mongoles. En este periodo crearon su lengua escrita; y donde antes estaban los cuarteles generales del Kan, después hubo centros culturales.

La ciudad de Karakorum fue fundada por Gengis Kan como gran centro militar, pero con el paso del tiempo llegó a ser la capital del Imperio. Esta ciudad existió cerca de 300 años, de los cuales sólo 32 fue la capital de los mongoles. En 1368 fue destruida por tropas chinas.

La formación del Imperio mongol fue iniciada por Gengis Kan, quien fue considerado por su pueblo como un gran dirigente. Sus tropas lo admiraban y respetaban por su valor y astucia, y lo seguían fielmente a cualquier parte. Además, lo querían por su caracter benevolente, pues siempre repartía el botín de guerra entre todos los que habían participado.

Gengis Kan tenía la idea de conquistar el mundo entero, y aunque no lo conocía por completo, él confiaba en sus estrategias, en sus instrumentos de guerra y en la disciplina y el arrojo de sus hombres. La experiencia le había demostrado que eran capaces de lograrlo; pero la muerte vino a truncar sus anhelos de expansión.

Rafael Rutiaga

Capítulo 1

El heredero del Kan

A mediados del siglo XII, en las estepas del desierto de Gobi, en el Asia Central, nació quien más tarde sería llamado Gengis Kan. Por aquellos días, los hombres de Isougai-Behadur habían ido a luchar contra otras tribus rebeldes, que se negaban a pagarles tributo.

Cuando regresaron las huestes, al frente de ellas iba el Kan (que significa gran jefe) Isougai-Behadur, montado en un hermoso caballo blanco y portando el estandarte de las nueve colas de "yack", símbolo de la horda de los mongoles. Detrás de él, atado y sujeto a la cola de su caballo, iba un prisionero dando traspiés.

Oulon-Eke, la hermosa esposa del Kan, se acercó y le mostró un bebé, diciéndole que ya tenía heredero. Asombrado, lo tomó éste con sus nervudos brazos, lo colocó frente a su cara y tras mirarlo fijamente un momento, le sopló en el rostro.

El niño sólo parpadeó, sin asustarse siquiera. Y al ver esto, el Kan exclamó riendo:

—Será un gran guerrero, porque no conoce el miedo.

Enseguida, se apeó del caballo con el niño en brazos y acercándose al prisionero, que con la cabeza baja seguía atado a la cola, le dio una patada, diciéndole:

—Mira a mi hijo, Temutchin. A él le pagarás el tributo cuando yo muera.

El cautivo levantó la mirada y contempló atentamente al niño, que seguía divertido la escena.

—Te felicito, gran Kan, porque tu hijo eclipsará tus hazañas —le dijo.

El Kan se sintió halagado por las palabras del prisionero, así que sacó su puñal y cortó las ligaduras que lo ataban mientras le decía:

—Te perdono, Temutchin, porque eres valiente y has sido valeroso en el combate. Quiero que mi hijo se llame como tú, y de ahora en adelante serás su esclavo y su maestro.

Esa noche, para celebrar el triunfo de la horda, fueron sacrificados varios "yacks", y asados en grandes hogueras. Su carne se repartió entre todos y, entre danzas y cantos, el festín duró hasta el amanecer del día siguiente. El "kumys", o leche de yegua, y el "arika", o aguardiente de leche de vaca, destilado artificialmente, corrieron en abundancia durante la fiesta, y todo el mundo alabó las virtudes del jefe del "odru", el Kan Isougai-Behadur.

Este "ordu" era el más poderoso del extenso desierto de Gobi. Más de cuarenta mil tiendas obedecían sus órdenes. También sus ganados eran los más numerosos y sus pastos los más abundantes.

Los clanes vecinos tenían envidia de Isougai, pero no se atrevían a declararle la guerra, ni a negarse a pagar el tributo anual, que debían pagarle con caballos o con bueyes.

Para Isougai-Behadur sólo habían enemigos, y únicamente tenía un amigo. Éste era el hombre más poderoso de la estepa, llamado Wang Kan y conocido como el Preste Juan.

Isougai era hermano jurado de Wang Kan, y por tanto, todos los hijos de Isougai tenían derecho a reclamar de Wang Kan adopción y ayuda en caso de faltar su padre. Así lo dictaba la ley de las tribus nómadas.

*

El pequeño Temutchin creció fuerte y sano. Su esbelta figura, de anchos hombros, se distinguía entre las de los muchachos de la tribu. Pero más que la armonía de su vigoroso cuerpo, sobresalía su gran fuerza y su don de mando, que le hacían ser respetado por sus compañeros. Era parco en palabras y nunca parecía tener ganas de conversar ni de reír. En sus ojos grises y algo oblicuos, se adivinaba una luz incierta que daba a su mirada una expresión fría. Su cabeza, poblada de espeso y negro cabello, la llevaba siempre cubierta con un casco metálico, rematado en una aguda punta y recubierto interiormente de suave piel.

Temutchin ya tenía varios hermanos. Uno de ellos, Kassar —a quien llamaban el "arquero" por su habilidad en el manejo del arco—, le tenía a su hermano mayor un gran respeto. Y el otro, llamado Belgutai, sentía por Temutchin verdadera adoración.

*

Cuando los hombres del clan no estaban en la guerra o de caza, aprovechaban su descanso para afilar los sables y forjar nuevas puntas de lanzas o de flechas.

Los hombres sólo tenían la obligación de cuidar que sus armas estuvieran siempre en buen estado. La mujer, en cambio, cuidaba de que a la llamada del Kan, su marido pudiese cambiar rápidamente su gorro de piel por el casco de cuero y estar dispuesto a partir. Por eso la "dacha" o manto de piel, las botas y las recias calzas de fieltro que se llevaban sobre ellas, estaban siempre listas, lo mismo que las alforjas con varias tiras de carne seca de caballo, una poca de leche desecada y algunas botas de cuero llenas de "kumys". Con estas provisiones, el mongol ya no necesitaba nada más.

Los mongoles se dedicaban a cazar. En el invierno, mientras los hombres seguían los rastros de los animales en la nieve, los jóvenes pescaban en el lago Baikal, dirigidos por Temutchin.

Los inviernos eran muy duros. Los pastos escaseaban, por lo que tenían que emigrar en busca de sustento, tanto para ellos como para los animales. En ocasiones tenían que limpiar el terreno de nieve, para que los rebaños pudieran alimentarse.

En primavera volvía al poblado la animación. Era entonces cuando el Kan Isougai reunía la horda y partía hacia las tribus vecinas, para cobrar el tributo o iniciar nuevas conquistas. En estas ocasiones el clan quedaba bajo el mando de Temutchin.

Cierto día, Temutchin supo que dos caballos se habían perdido por culpa de un descuido del joven Kulbai. Entonces lo mandó llamar y le dijo que los buscara. Y como Kulbai se resistió a buscarlos él solo, Temutchin le dijo:

—Quien no me obedece, es mi enemigo. Defiéndete, que vamos a luchar.

Los demás jóvenes que presenciaban la escena, formaron un círculo alrededor de Kulbai y Temutchin. Ambos con un puñal en la mano, se iban aproximando lentamente el uno al otro, mientras se estudiaban. Temutchin inició el ataque lanzando un terrible golpe que su contrario esquivó hábilmente. Avanzando y retrocediendo, continuaron atacándose hasta que, en una de las acometidas, Temutchin logró agarrar a su adversario del brazo desarmado, retorciéndoselo violentamente, lo que le hizo proferir un agudo grito de dolor y caer al suelo arrodillado. En esta postura aún intentó Kulbai clavarle su puñal a Temutchin, pero éste eludió el golpe y consiguió vencer a su contrario, que se derrumó malherido.

Otro día luchó contra un hombre porque le había robado un pez. Cuando iba a castigarlo, sin querer escuchar a los que intercedían por él, les dijo que no quería ladrones en el clan.

Muy pronto el nombre de Temutchin empezó a ser conocido por las tribus vecinas, que veían en él a un digno heredero.

Capítulo 2

El nuevo jefe

Al Kan Isougai le gustaba llevar consigo a Temutchin, para que se fuera acostumbrando a las inclemencias del viaje y a los asuntos de la guerra, y de paso conocer a los jefes de las hordas que les pagaban tributo.

En uno de estos viajes visitaron la tienda de un jefe amigo, quien los invitó a pasar la noche en su compañía. Su hija Bourtai —de nueve años de edad— les sirvió la cena, y al terminar, Temutchin —que tenía algo más de doce años—, prendado de la belleza de la joven, dirigiéndose a su padre le dijo:

—Cuando sea mayor quiero tomar por esposa a Bourtai.

—Te la guardaré, Temutchin —le contestó el padre de la joven—. Mi hija es bella y tú tienes el rostro noble y la mirada dominadora. ¡Harían buena pareja!

Al día siguiente el Kan Isougai partió con su gente. Pero Temutchin le pidió que lo dejara quedarse algún tiempo en la tribu de su amigo. Isougai accedió complaciente a los deseos de su hijo.

Temutchin pasó los días más felices de su vida en compañía de la bella y dulce Bourtai, y muchas veces recordó después estos dichosos y agradables momentos de su juventud.

Pero su felicidad no había de ser duradera, porque poco tiempo después llegó a la tribu un mongol para avisarle que el Kan se estaba muriendo.

De inmediato partió Temutchin en su caballo, y galopó durante dos días sin parar un momento hasta llegar a su poblado. Pero cuando él llegó, su padre acababa de morir. Más tarde supo que un jefe, fingiéndose amigo, lo había envenenado mientras comían.

De acuerdo a las costumbres mongolas, Temutchin mandó abrir junto a la encina más grande del bosque una fosa profunda, y allí sepultó a su padre junto con su caballo preferido, sus armas y las cosas que había querido en vida.

Profundamente triste, pero sin derramar lágrimas, Temutchin se dirigió a la tienda, y tras calzarse las altas botas de cuero de su padre y sentarse en la piel blanca de caballo —que representaba el trono—, se proclamó Kan de la tribu. Tenía entonces trece años.

Su madre, Oulon-Eke, fue la primera que lo reconoció como Kan. Luego lo hicieron sus hermanos Kassar y Belgutai. Pero el resto del clan lo abandonó. Sin embargo, el estandarte de las nueve colas seguía ondeando en la tienda de Temutchin.

Los demás de la horda levantaron sus tiendas y huyeron para incorporarse a otras tribus, mientras el nuevo Kan, sentado en su trono, meditaba silencioso, contemplando la desierta pradera.

La madre de Temutchin trató de que reconocieran a su hijo como Kan de los mongoles, pero sólo escuchó palabras de desprecio. No querían a un niño como jefe.

A los pocos días, Temutchin mandó a sus hermanos a cobrar el tributo, pero todas las tribus se negaron a pagarlo.

*

Mientras tanto, Targutai, uno de los peores enemigos del padre de Temutchin, apoyado por la mayoría de la horda que huyó, se proclamó en el norte del desierto de Gobi como Kan, y las demás tribus lo iban reconociendo. Mas el único obstáculo que veía Targutai era la existencia de Temutchin, así que decidió eliminarlo.

Temutchin, como si nada pasara, seguía gobernando a su familia. Con sus hermanos cuidaba del ganado que les habían dejado y entre todos atendían a su madre y a sus hermanas. Sin embargo, aquella situación resultaba insostenible y era preciso tomar una determinación.

Estaban a punto de poner en práctica un plan, cuando un antiguo amigo llegó galopando y le avisó que Targutai lo buscaba para matarlo.

Enseguida el joven Kan preparó sus armas, el caballo más veloz y se despidió de su madre. Luego, y acompañado de sus hermanos Kassar y Belgutai, salió a galope tendido en dirección a las montañas.

Targutai había comenzado a perseguir al muchacho que le disputaba la jefatura. Era preciso hallarlo y acabar con él. Por eso mandó grupos de jinetes hacia distintas partes, para impedir que Temutchin pudiera escapar.

El propio Targutai, al frente de un numeroso grupo, se dirigió hacia la tienda de su antiguo enemigo para sorprender a Temutchin. Pero éste ya había escapado.

Los perseguidores encontraron muy pronto los rastros claros de Temutchin y de sus hermanos. Los mongoles estaban habituados a seguir las huellas de los animales que cazaban.

Retrato de Temutchin.

Durante muchas horas, y sin descansar, la horda continuó siguiendo la pista de los fugitivos.

Cerca de las montañas observaron que uno de los tres se había separado del grupo, tomando otra dirección.

Entonces Targutai se detuvo y dijo a sus hombres que él iría tras la pista del fugitivo solitario.

Los que quedaron se lanzaron como sabuesos a seguir las huellas, cada vez más recientes, de los que huían.

Capítulo 3

El cautiverio y la fuga de Temutchin

Por orden de Temutchin los fugitivos se habían separado. Les dijo a sus hermanos que lo dejaran solo y se salvaran ellos. Fue entonces cuando Kassar cambió la dirección de su cabalgadura, pero Belgutai siguió galopando a su lado, pues no lo quería abandonar.

De pronto, el caballo que montaba Belgutai se desplomó haciendo rodar a su jinete por el suelo. Temutchin vio caer a su hermano, pero al ver que se levantaba, lo dejó y siguió él solo. Como Belgutai vio que su hermano no se detenía, corrió a esconderse entre las rocas.

Momentos después llegaban los perseguidores, y conociendo que el caballo muerto no era el de Temutchin, siguieron su marcha.

Temutchin trataba de remontar la empinada pendiente de la montaña, sin embargo, su caballo, incapaz de continuar, acabó por detenerse jadeante y cubierto de espuma y sangre. Temutchin se apeó de un salto y corriendo con todas sus fuerzas trató de ganar las alturas que parecían inaccesibles. Mas no pudo lograr su propósito porque en aquel momento llegaron sus perseguidores, y se abalanzaron sobre él, cercándolo.

Apoyado contra una roca y con el puñal en la mano, Temutchin trató de defenderse. No obstante, pronto los lazos de sus enemigos silbaron sobre su cabeza y rápidamente fue apresado. De su boca no salió ninguna queja, tan sólo se limitó a rechinar los dientes con rabia.

Los mongoles le quitaron las botas que heredara de su padre y le colocaron sobre los hombros desnudos un yugo de madera, atándole con correas y cuerdas las muñecas a los extremos. Y así, descalzo y conducido ignominiosamente como un esclavo, Temutchin llegó frente a Targutai. Éste lo abofeteó y se rió del joven Kan.

Temutchin no sabía llorar, y como no se podía defender, se conformó con observar fijamente a Targutai, para grabarse el rostro del enemigo de su padre.

A empujones fue sacado de la tienda de Targutai, y con el yugo sobre los hombros, lleno de heridas y de sangre, fue atado del cuello con un lazo corredizo a uno de los carros de la tribu, y echado después como un fardo sobre el estiércol de un rebaño de "yacks".

Uno de los mongoles se quedó para vigilarlo. Este centinela, prestó atención al prisionero al principio, pero al verlo inmóvil, como muerto, se alejó un poco de ahí.

Esa noche, la horda de Targutai y los antiguos vasallos del "ordu" de Isougai, celebraron una gran fiesta.

Temutchin oía los gritos y las risas de los mongoles que parecían celebrar su cautiverio. El cuerpo le dolía mucho, y más que todo aquel maldito yugo, que casi no le permitía moverse.

El centinela se acercaba al cautivo de vez en cuando, pero al verlo inmóvil y silencioso, volvía a alejarse. Así estuvo paseándose un rato entre los carros, hasta que finalmente se apoyó sobre una de las carretas y comenzó a dormitar.

Cuando Temutchin vio inmóvil al centinela, empezó a actuar con mucho sigilo. A costa de ensangrentarse consiguió romper las correas que le ataban los tobillos, aserrándolas con la arista de la rueda de la carreta. El lazo corredizo que llevaba al cuello, le había desollado la piel con el áspero roce de la soga. No se quiso levantar para no despertar sospechas, y sentado, sólo cambió de postura hasta que pudo agarrar la cuerda con la boca, y lentamente empezó a roerla con sus afilados dientes hasta partirla.

Temutchin se consideró libre a pesar de continuar sujeto por el yugo. Se puso de pie y luego, calculando cuidadosamente cada uno de sus movimientos y conteniendo hasta la respiración, se fue acercando al guardián, que de espaldas a él parecía mirar hacia el campamento. Los gritos de los de la fiesta ayudaban a Temutchin, borrando cualquier ruido que pudiera hacer.

Por fin llegó a un paso del soldado, que apoyado en una carreta parecía dormitar. Temutchin apretó los puños con rabia, concentró todas sus fuerzas y haciendo un rápido movimiento, asestó con el extremo del yugo un fuerte golpe sobre la cabeza del guardián que, sin proferir exclamación alguna, cayó al suelo, como fulminado por un rayo.

Temutchin respiró hondamente y se estiró, tratando de dar agilidad a sus entumecidos miembros. Luego, se puso en marcha. Toda la noche caminó por la llanura, pues el peso del yugo no lo dejaba correr, ya que al hacerlo le golpeaba la nuca, produciéndole mucho dolor.

Al amanecer llegó casi sin aliento y dando traspiés a las orillas de un río caudaloso. Se metió en el agua, y aquel baño le devolvió un poco las fuerzas perdidas.

Salió del río y se tumbó en el suelo para descansar. Minutos después, su fino oído percibió el ruido de cascos de caballos. Rápidamente se metió en el río y consiguió ocultarse entre unos cañaverales.

Al llegar las huestes de Targutai, varios mongoles fueron recorriendo la orilla con la esperanza de encontrar al fugitivo. Otros se metieron al agua con los caballos.

Temutchin los veía pasar cerca de él a través de las cañas. A veces se sumergía totalmente para no ser visto. De pronto vio que uno de los mongoles se metía entre las cañas que iba apartando con su lanza. Temutchin se creyó descubierto.

El mongol lo había visto y lo miraba fijamente sin pronunciar palabra. También Temutchin lo miró, y algo terrible debió ver el guerrero en aquellos ojos, pues no se atrevió a delatarlo. Aquel hombre era uno de los de la horda que habían servido a su padre.

El guerrero, como aterrorizado, salió de entre el cañaveral y se unió al grupo de perseguidores, que abandonando la búsqueda se dirigieron al campamento de Targutai.

Temutchin los vio irse, y por si alguno se hubiera quedado rezagado, esperó algún tiempo. Después, al no oir ningún ruido, salió de su escondite. Tenía mucha hambre. Pero más que esto eran la fatiga y el sueño lo que casi le hacían olvidarse de todo. Sólo la tensión nerviosa le impedía quedarse dormido como un tronco.

El calor del sol calentaba su cuerpo y le proporcionaba un dulce bienestar, por lo que más tarde, vencido por el cansancio y las emociones pasadas, entornó los ojos y se durmió.

*

Temutchin anduvo dos días por aquellas orillas, esperando recuperar fuerzas o encontrar la manera de quitarse el yugo que era su tormento...

Mordisqueaba las plantas silvestres como si fuera un animal. Cuando se hartaba, se tumbaba en el suelo y meditaba en la forma de liberarse de aquella pesadilla.

Las correas con que lo habían atado al yugo penetraban en sus carnes, y por más que intentaba zafarse, sólo conseguía desollar más sus muñecas.

Por otra parte, con frecuencia tenía que huir del acoso de las fieras que rondaban por ahí. Entonces se metía en el río para librarse de sus ataques.

No podía aventurarse por la estepa, pues como no podía defenderse, pronto hubiera sucumbido agotado por la sed y el hambre o devorado por las alimañas.

Por fin, una noche tomó una determinación desesperada. Necesitaba un caballo y librarse de aquel yugo maldito, y esto lo podía conseguir en el campamento de Targutai.

En la madrugada llegó a los alrededores de la tribu, y con gran cautela se puso a estudiar la situación. Vio cómo al llegar el día, los jóvenes salían con los rebaños de caballos y bueyes para apacentarlos. Entre los muchachos reconoció a varios de sus antiguos compañeros, cuyas familias se habían unido a Targutai.

Dando un gran rodeo y ocultándose con cuidado, se acercó a uno de los rebaños que cuidaba uno de los jóvenes que era su amigo.

Oculto tras una depresión del terreno, llamó al joven Lougai. Al oirse llamar, el muchacho se volvió sorprendido, y al descubrir a Temutchin que le hacía señas, no pudo contener un gesto de miedo y asombro. Sin pronunciar palabra y como hipnotizado, Lougai se acercó. Entonces Temutchin le ordenó que le quitara el yugo.

El joven, obediente, sacó un puñal y cortó las correas con mucho cuidado para no herirlo.

Al sentirse liberado de aquella pesada carga, Temutchin cruzó repetidamente los brazos sobre su pecho, se lamió las heridas de sus muñecas y pidió al muchacho que le diera su mejor caballo.

Lougai se dirigió al rebaño y eligió uno, regresando con él hasta donde estaba Temutchin. También le dio un poco de comida.

Temutchin tomó un trozo de tasajo y un poco de queso y empezó a comer ávidamente. Luego tomó el caballo de las riendas y quitando a su amigo el puñal con el que lo había liberado, inició la marcha.

*

Con el corazón lleno de deseos de venganza y una ira contenida, Temutchin galopaba como si quisiera ahogar su rencor en aquella carrera. Evitando pasar cerca de otras tribus, cabalgaba incansable. Ahora se sentía fuerte otra vez y mientras su caballo corría, él meditaba...

Al anochecer llegó a su tienda, donde encontró a su madre y a sus hermanos. La sorpresa fue enorme y los colmó de indecible alegría. Y aquella misma noche, Temutchin volvió a hacerse cargo del gobierno de la familia. Kassar y Bergutai le informaron de la pobre situación en que se encontraban.

Capítulo 4

El caudillo es reconocido como Kan

Tratando de pasar desapercibidos para Targutai y sobreviviendo con gran estrechez durante algún tiempo, Temutchin y su familia vivieron en paz.

A los dieciséis años Temutchin tenía el desarrollo de un hombre robusto y la fuerza y el valor del más fuerte guerrero.

Muchas familias que se habían ido con Targutai, descontentas con su comportamiento, lo fueron abandonando, y regresaron junto al lago Baikal, donde reconocieron como Kan al joven Temutchin.

Éste veía cómo poco a poco su horda iba creciendo. Con tacto y habilidad, y gracias a los consejos de su madre, supo conservar la armonía entre los pequeños grupos que lo reconocían como jefe.

El estandarte de las nueve colas de "yack" ondeaba a la entrada de su tienda, y Temutchin se sentía nuevamente fuerte y poderoso.

Targutai parecía haberlo olvidado. Sin embargo, Temutchin ya no le temía, aunque reconocía que no estaba todavía en condiciones de enfrentarlo.

Cuando llegó la primavera y acabando de cumplir los diecisiete años, Temutchin reunió a los guerreros para decirles que quería salir a cobrar el tributo de las tribus vecinas. Al preguntarles si lo seguirían, todos aceptaron con entusiasmo, viendo en él al caudillo indiscutible que necesitaban.

Al día siguiente, los hombres dirigidos por el joven Kan, partían en busca de las tribus vecinas para hacer valer los derechos del jefe de los mongoles. Pero a Temutchin le guiaba también otro pensamiento. Ansiaba volver a ver a la hermosa Bourtai, con la que se había comprometido cinco años antes.

El padre de Bourtai recibió a Temutchin con mucho gusto, pues sabía de las peripecias que le habían ocurrido al valiente joven. La muchacha, por su parte, ruborosa y confusa, no acertaba a pronunciar palabra, admirada tan sólo de contemplar a aquel gallardo joven, que la solicitaba por esposa.

Temutchin entregó al padre de Bourtai veinte caballos, diez bueyes, tres machetes, cinco puñales y quince pieles de "yack", como regalo por acceder a la boda de su hija.

Y mientras Temutchin partía con sus hombres para recaudar el tributo, Bourtai se quedó en la tienda de su padre.

Las otras tribus, considerando las prudentes razones de Temutchin, y en parte también por las numerosas y aguerridas tropas que lo acompañaban, entregaron sin protesta el tributo.

Ya conseguido su propósito, Temutchin y sus hombres, seguidos de un crecido rebaño, pasaron a recoger a Bourtai, y luego se encaminaron hacia su clan.

La madre de Temutchin recibió cariñosamente a Bourtai y alabó su belleza. Luego la condujo a la tienda de la que iba a ser dueña y señora.

El Kan ordenó que se hiciera el reparto de lo obtenido en las tribus, y todos quedaron muy satisfechos de su justicia y equidad.

Muy pronto se corrió la noticia de lo ocurrido, y muchos llegaron con sus hijos para ponerlos al servicio de Temutchin. Decían que tenía la sabiduría y la prudencia de un hombre mayor.

Pero Temutchin, sin hacer caso de aquellos halagos, seguía preparando a sus hombres para las próximas batallas.

Comenzó por dictar algunas normas, que si bien en principio llamaron la atención por salirse de los hábitos de los mogoles, después reconocieron lo prudentes y beneficiosas que resultaban.

La ventaja de la horda estaba en que la mayoría de los hombres eran jóvenes, y estaban animados de una gran ilusión por el joven Kan. Veían en Temutchin al caudillo que los llevaría victoriosos hasta conquistar los últimos rincones del mundo.

Todos los días los guerreros se ejercitaban en la lucha, empleando tácticas nuevas que Temutchin les enseñaba con paciencia.

Temutchin pensaba que todos los pueblos que no eran de su raza, terminarían por ser esclavos suyos sin remedio.

Sólo consideraba como amigo al que antes había sido hermano jurado de su padre. Se llamaba Wang Kan y era el más poderoso jefe de la estepa.

A Temutchin no se le había olvidado la escena que años atrás presenciara entre su padre y Wang Kan, cuando se juraron hermandad eterna. Le parecía ver a los dos jefes sentados sobre la piel blanca de la tienda, abriéndose con la punta del puñal sendas heridas en el brazo y mezclar sus sangres en una copa, para después beber cada uno la mitad de la sangre y luego darse un fuerte abrazo.

Mientras había sido pobre, viviendo casi oculto y privado muchas veces de lo más indispensable, Temutchin no quiso pedir ayuda para que no lo confundieran con un esclavo y sintieran lástima por él. Pero ahora era el legítimo Kan de los mogoles y podía dirigirse a Wang Kan en las mismas condiciones que podía haberlo hecho su padre.

Desde que lo apresó Targutai, en su pecho guardaba la herida viva y sangrante que le abrieron sus ofensas imperdonables. Por eso ahora, enfrentar a Targutai se había convertido en una obsesión. Pero para ello necesitaba un aliado...

*

En compañía de numeroso séquito y portando valiosos presentes, Temutchin llegó a la corte de Wang Kan, quien lo recibió cordialmente.

La edad le impedía a Wang Kan emprender nuevas campañas de conquista, como hiciera años atrás, logrando con ello alcanzar el más poderoso imperio de las estepas y que su nombre —Preste Juan— fuera conocido hasta en Europa.

Por esta razón sus familiares y seguidores, que intrigaban para obligarlo a emprender correrías, a fin de obtener ricos botines, acogieron con recelo al joven Kan.

Temutchin le pidió ayuda a Wang Kan, y éste le dijo que podía contar con su protección. Además le comentó que le dejaría su puesto cuando muriera.

*

Días más tarde Temutchin llegaba a su tienda lleno de ilusiones. Cuando en la tribu conocieron el resultado del viaje, todo fue alegría, presintiendo que se aproximaba lo que hacía tanto tiempo ambicionaban.

Todos los hombres se pusieron con ardor a preparar sus armas, para tenerlas listas en cualquier momento.

Muy pronto Targutai supo de la entrevista entre Temutchin y Wang Kan. Los mismos familiares del anciano Kan, adivinando sus intenciones y temerosos de perder lo que creían su derecho, planearon deshacerse del joven Kan de los mongoles. Así, reavivaron en el corazón de Targutai el odio que sentía por Temutchin, haciéndole ver el peligro que corría en el caso de que éste uniera su horda con el poderío de Wang Kan.

Targutai se dio cuenta rápidamente de la amenaza que se cernía sobre él. Por ello decidió actuar por sorpresa, y para evitar la posible intervención de las tropas de Wang Kan a favor de Temutchin, aquella misma noche convocó a sus guerreros y les hizo saber sus intenciones. Muchos se opusieron a sus temerarios proyectos, pero a pesar de todo, Targutai reunió un ejército de más de treinta mil hombres y se dirigió hacia el clan de Temutchin, con intención de aplastarlo definitivamente.

Pero un desertor de las huestes de Targutai, desviándose de la ruta y galopando por atajos, llegó unas horas antes a la tienda de Temutchin para prevenirlo.

Temutchin comprendió que no tenía tiempo para avisar a Wang Kan, y por eso ordenó enseguida que tocaran a rebato. Momentos después, el sonar de los cuernos llamaba a todos los hombres.

Temutchin les hizo saber las intenciones de Targutai y les explicó la táctica a seguir para defenderse con probabilidades de éxito, en vista de que sus fuerzas eran la cuarta parte de las que disponía Targutai.

Más tarde, en el campamento, no se notaba ninguna anormalidad. Todo parecía estar tranquilo, como un día cualquiera. Los rebaños de caballos, diseminados en grupos por distintas partes de la pradera, pacían tranquilos. Pero aquella normalidad sólo era aparente.

Siguiendo las instrucciones de Temutchin, todos los hombres, equipados convenientemente con sus armas, se hallaban preparados para saltar sobre sus caballos y lanzarse a ocupar las posiciones que tenían señaladas.

Hasta los jóvenes, encargados otras veces de cuidar a los animales, o de vigilar desde las alturas la proximidad del enemigo, ocupaban ahora su puesto como un guerrero más.

Temutchin se multiplicaba dando órdenes y recordando consignas. A todos animaba y su sola presencia bastaba para infundir confianza aun a los más decaídos.

Todas las miradas se dirigían hacia el horizonte, en espera de ver aparecer el enemigo.

Poco a poco, como no queriendo llamar la atención, fueron apareciendo por varios puntos las tropas de Targutai. Su silencio y el andar tranquilo de sus cabalgaduras, simulaban unas intenciones que estaban muy lejos de sentir.

Temutchin los dejó acercarse para que no los creyeran advertidos. Pero de pronto hizo sonar con los cuernos el toque de alarma y todos se pusieron en movimiento, fingiendo una huida desordenada.

Al ver esto las huestes de Targutai, gritando ferozmente, se lanzaron a pleno galope en persecución de los que huían. El resto de las tropas de Targutai cargó contra las posiciones de Temutchin, situadas en un estrecho paso que había entre dos bosques de encinas.

Y cuando se dieron cuenta ya estaban cercadas, y pronto fueron diezmadas por los prevenidos y hábiles hombres de Temutchin.

Los otros grupos, que en desorden persiguieron a los que simulaban huir, también fueron aniquilados.

Por último, una carga de la caballería de Temutchin, que estaba de reserva oculta en el bosque, fue derrotando sucesivamente a las líneas del ejército de Targutai.

Muchos lograron huir, sin poder explicarse aquel desastre, pero aun así los mongoles hicieron más de diez mil prisioneros, entre los cuales estaba Targutai.

Ya terminada la batalla y alineados los que habían sido capturados, Temutchin fue reconociéndolos uno por uno.

Setenta jefes junto con Targutai fueron condenados y ejecutados por los hombres de Temutchin, no sin que antes éste les hiciera saber el mal que le habían causado.

Los demás prisioneros temblaban al imaginar la suerte que les estaría reservada. Pero Temutchin les perdonó la vida. Eran hombres fuertes y los necesitaba para su horda. A ellos les dio a elegir para que se quedaran o partieran, si ése era su gusto, y la mayoría prefirió quedarse al lado del Kan, generoso y valiente.

Al conseguir esta victoria, Temutchin quedaba como señor indiscutible de las tierras del Gobi. Una horda numerosa se congregó a su alrededor y todas las tribus vecinas lo aceptaron. Sin embargo, Temutchin no las obligó a unirse a él, y respetó su independencia, pero a todos los que acudieron a su lado los recibió afectuosamente y les dio lo que necesitaban con una generosidad sin límites.

Temutchin estaba satisfecho de verse respetado y de que su pueblo creciera y prosperara.

Otro retrato de Temutchin.

Capítulo 5

La caída y el resurgimiento de Temutchin

Ahora Temutchin tenía miles de hombres que lo obedecían ciegamente. Y su pensamiento volaba hacia los dominios de Wang Kan, con el que contaba para aumentar su poder.

Con la herencia que recibiera de él, sus huestes serían invencibles y no habría nadie que pudiera disputarle la victoria.

Eran muchos los que rodeaban a Temutchin. Allí estaban sus más fieles y queridos compañeros: sus hermanos Kassar y Belgutai, el prudente Borchu y los valerosos Chepé-Noyon y Subotai.

Ante todo, el Kan de los mongoles se preocupaba de que a todos los que pertenecían a su "ordu", les llegara su autoridad y su protección, y cualquiera podía llegar hasta su tienda para hacer una petición. Quería que su dominación llegara a todos por igual.

Y como necesitaba estar enterado de todo lo que ocurría, tanto en sus dominios como fuera de ellos, ordenó que cada tribu le mandara lo más rápidamente posible un mensajero, cuando hubiera algo importante que comunicarle.

Por esta misma razón, en la tribu tenía siempre preparados a varios de sus mejores jinetes, para enviarlos con mensajes urgentes. Estos hombres cabalgaban sin descanso de día y de noche, y cada tribu estaba obligada a proporcionarles caballos de refresco, a fin de que "como flechas" pudieran llevar las órdenes del Kan.

A estos mensajeros les daban un trato especial, ya que de su discreción y rapidez dependía la tranquilidad y el triunfo de la tribu de los mogoles.

Gracias a esto Temutchin se enteró por uno de sus "flechas", que los tártaros andaban haciendo incursiones de pillaje en algunas de las tribus que estaban bajo su protección.

Los tártaros habían sido los que habían envenenado a su padre, y Temutchin no había olvidado esa traición. Por otra parte, aquellas tribus que habían confiado en él, necesitaban una demostración, por lo que esta ocasión resultaba providencial.

Al mismo tiempo, Temutchin quería probar sus huestes frente a otras, para comprobar si daba resultado la estrategia que últimamente les había enseñado.

Por sus espías y mensajeros, Temutchin conocía el número exacto de fuerzas y la situación en que se hallaban los tártaros, así que reunió a sus hombres, y poniéndose al frente de ellos, se encaminó a su encuentro.

Atacados por sorpresa, los tártaros fueron totalmente derrotados, dejando muchos prisioneros y un rico botín, que fue restituido a las tribus de las que había sido robado.

En aquel combate, Temutchin comprendió que sus fuerzas eran invencibles en campo abierto, por la agilidad y destreza de sus hombres.

Temutchin sintió una gran satisfacción al volver a su poblado y ver que todas las tribus mogolas reunidas bajo su mando, habían obtenido una resonante victoria. Además, había vengado a su padre. Sin duda, aquello lo consagraba como el Kan de los mogoles.

Su tienda era como una pequeña corte, en la que se reunían sus más fieles compañeros con los que conversaba, consultándoles los asuntos más convenientes para la prosperidad del "ordu".

Con frecuencia, mientras los hombre descansaban de los viajes que hacían a lugares lejanos, Temutchin subía a los montes Altai para contemplar la inmensa llanura que se extendía allá abajo.

Acostumbraba llevar a alguno de sus hijos en estos paseos, y les explicaba cosas de su niñez, que los pequeños escuchaban asombrados y silenciosos.

Un día, en uno de estos paseos, encontró un bosque con unos árboles que le impresionaron vivamente. Eran tan viejos y con unos troncos tan enormes, que le parecieron invencibles. Aquellos árboles centenarios le hablaron del poder omnipotente de Dios.

Él estaba acostumbrado a gobernar, pensando únicamente en los hombres, y la presencia de aquellos árboles lo dejaron pensativo. Por eso, llamando a sus hijos y señalándoles aquel frondoso bosque, les dijo que cuando muriera, quería que su cuerpo reposara junto a esos árboles.

Sus hijos asintieron con la cabeza, sin atreverse a decir palabra, impresionados por el acento con que su padre les comunicó aquel deseo que más tarde cumplirían.

*

La conducta de Temutchin en la guerra era distinta a la de los demás. No hacía prisioneros ni esclavos, sino que a los mejores guerreros capturados los incorporaba a su ejército y les daba por esposas a las más bellas hijas de los mogoles, y ya en los primeros combates en que intervenían, contaban con su parte correspondiente en el botín que se obtenía.

Por tales motivos, pasado algún tiempo, el ejército de Temutchin aumentó, no sólo en número, sino también en fuerza combativa, pues cada guerrero daba un resultado excelente.

Muy pronto Temutchin llevó a sus huestes de victoria en victoria, conquistando un gran número de partidarios que le rendían tributo y acatamiento.

Temutchin empezaba a ser respetado y temido como un dios.

Por esa época Temutchin andaba ya cerca de los cuarenta años.

De sus cuatro hijos, Jutchi, Chagatal, Ugodei y Tuli, los tres primeros hacía tiempo que lo acompañaban en sus expediciones, y el menor se quedaba en el "ordu" junto a Bourtai, al cuidado del ganado, según costumbre de los mongoles.

La paz y la abundancia reinaban por el Onon, y los mogoles estaban orgullosos de pertenecer al "ordu" de Temutchin. Pero grandes peligros amenazaban por el Oeste.

La envidia y el despecho llenaban los corazones de los parientes más cercanos de Wang Kan, que no cesaban de instarle para que detuviera la ascensión de aquel advenedizo.

Wang Kan había envejecido mucho y no se encontraba en condiciones de luchar contra nadie, y menos contra el hijo de uno al que había jurado hermandad eterna.

Pero tanto y tanto le insistieron, que al fin su débil voluntad cedió, y cansado de tanta insidia, les dijo que hicieran lo que mejor les pareciera.

Y lo que hicieron fue poner en marcha todo el ejército de Wang Kan contra el "ordu" de Temutchin.

Lo que menos esperaba éste era un ataque por parte de su amigo y hermano jurado de su padre. Por eso su sorpresa y su indignación no tuvieron límites, cuando dos pastores le informaron con exactitud del peligro que se avecinaba.

Ese ataque tomó a Temutchin completamente desprevenido. Por eso sólo tuvo tiempo de preparar los carros y emprender la retirada con toda la tribu.

Únicamente estaban con él los guerreros del poblado, ya que todos los demás, o bien estaban en sus tribus, o realizando incursiones en otros pueblos.

Temutchin mandó a sus mensajeros hacia todas las tribus amigas para que acudieran de inmediato en su ayuda. Y luego, como sabía que sus enemigos aprovecharían la noche para atacarlos por sorpresa, ordenó abandonar el campamento, y cargados con mujeres, niños y rebaños, aprovechando las primeras sombras del anochecer, se alejaron de aquellos lugares rápidamente.

Temutchin eligió una zona montañosa y allí se detuvo. Con toda tranquilidad estudió la manera de hacer frente a su agresor, hasta que recibiera refuerzos.

Sólo contaba con unos cuatro mil hombres, y el ejército enemigo era infinitamente superior. Además, tenían que proteger a todos los que llevaban consigo, y esto era un inconveniente que les restaba posibilidades de victoria.

Las fuerzas de Wang Kan habían llegado al campamento, y al verlo vacío y con claras señales de huida, se abalanzaron en la dirección en que se encontraban las fuerzas de Temutchin.

Haciendo sonar sus trompetas y con un griterío espantoso, a la débil luz de la luna los vieron llegar. Temutchin no encontró otra alternativa que luchar contra aquella avalancha que se le venía encima.

La superioridad numérica del enemigo era tan aplastante que muchos de los mongoles empezaron a retroceder. Cada vez la situación era más difícil, y todo hacía presumir una derrota absoluta. Las sombras de la noche le daban mayor confusión a la batalla.

En esos críticos momentos, Temutchin ideó su mejor recurso militar, que tantos triunfos le daría después. Mandó hacer el "giro del estandarte" a los mongoles. Para ello destacó la mitad de su ejército y dando el mando a Subotai, le ordenó que diera un gran rodeo hacia la retaguardia de las tropas de Wang Kan, hasta aparecer a sus espaldas.

Subotai partió velozmente, seguido de sus tropas, y Temutchin mientras tanto extremó su resistencia, luchando con desesperación. Y cuando los atacantes creían segura la victoria, vieron aparecer a sus espaldas el "Tug" o estandarte de las colas de "yak", y tras él las fuerzas que mandaba Subotai.

Al verse atrapadas entre dos frentes y no poder adivinar el número de atacantes, las huestes de Wang Kan se desmoralizaron y el desorden cundió en sus filas.

Los mongoles, al ver el resultado de su treta, enardecidos y animados por los gritos de las mujeres y de los niños, se lanzaron en persecución de las tropas del llamado Preste Juan, hasta que las pusieron en fuga.

Aquella batalla fue terrible para Temutchin y aunque no fue derrotado, sus mejores guerreros habían muerto y sus más valerosos capitanes estaban heridos.

Su hijo Ugodei pudo salvar la vida gracias a que uno de sus amigos le succionó rápidamente una herida, que le había producido una flecha enemiga.

Nadie había acudido en su auxilio, a pesar de haber mandado mensajeros en busca de refuerzos.

Los amigos de Temutchin le dijeron que tenían que irse de ahí, pero él les contestó que primero debían recoger a todos los heridos. Y así fue. Cuando el último hombre con vida estuvo colocado debidamente en las carretas, dio la orden de marchar hacia el Oeste.

Y ahora era él quien animaba a todos para que se fueran lo más rápido que pudieran. Las sombras de la noche les ayudaban en su retirada, y Temutchin quería alejarse lo más posible de sus enemigos para poder organizarse.

Esa marcha fue horrorosa para Temutchin. En todas partes fue recibido con frialdad y todas las tribus le negaron auxilio, unas demostrándole su hostilidad y otras temerosas de provocar a Wang Kan.

El prestigio que había ganado Temutchin, ahora lo veía perdido en aquella retirada, que algunos consideraban como una humillante derrota.

De una parte a otra, sin ayuda de nadie y rehuyendo encontrarse con una tribu numerosa, Temutchin fue llevando a los suyos durante aquel invierno, como si fueran fugitivos. Hasta los amigos les volvieron la espalda.

Muchos de los que lo seguían, impotentes para seguir resistiendo aquella vida miserable y de constante peligro, también lo abandonaron. Los pocos rebaños que les quedaban enflaquecían, y hasta las personas parecían enfermas y derrotadas. Sólo gracias a la voluntad de Temutchin, siguieron resistiendo.

En ese tiempo, el cabello del Kan se volvió blanco, como si en unas semanas le hubiera llegado la vejez.

Temutchin no se explicaba cómo aquellos que antes lo habían seguido y vitoreado, ahora lo abandonaban al primer síntoma de desgracia. Eso le hizo volverse taciturno, y ni su madre ni su esposa lograban animarlo.

Pensaba en la forma de salir de aquella situación, y constantemente enviaba mensajeros a los que creía poder convencer para obtener la ayuda que necesitaba. Pero algunos le contestaban con desprecio y otros lo amenazaban con la guerra, para acabar de una vez con él.

Huyendo como una fiera acosada, Temutchin se fue retirando hacia el Sur, dejando su territorio y viviendo tan sólo de la caza. No se atrevía siquiera a molestar a las más humildes tribus, para que no le echaran encima a sus protectores y amigos. Y con su familia y los pocos que lo seguían, llegó a las fronteras de Mauchuria, donde se perdió su rastro.

Pero llegó el día en que la suerte de Temutchin cambió. Todas las tribus que fueron desvastadas y saqueadas por las tropas de Wang Kan, lo buscaron y le propusieron aliarse para oponerse al pillaje de las huestes de Preste Juan. Y como si aquello hubiera sido un toque de alarma, muy pronto le llegaron a Temutchin grupos de guerreros, que se ofrecían para luchar a su lado.

Temutchin, el fugitivo de hacía pocos días, ya no rehuía el encuentro ni evitaba pasar por los caminos más transitados de las tribus, porque así como unas semanas antes algunos le negaron ayuda, y otros hasta lo amenazaron al verlo débil, ahora volvían a su lado por creer al Kan de los mongoles capaz de acabar con las rapiñas y el poderío de Wang Kan.

Temutchin no reprochó a nadie su egoísta conducta, sino que, por el contrario, a todos recibió con cariño y les demostró su agradecimiento.

Al llegar la primavera, el Kan de los mongoles iba tomando fuerza otra vez, aunque no la suficiente para enfrentarse al enemigo que tan traicioneramente lo había atacado. Por eso pensó en hacer uso de su astucia, para triunfar sin gran peligro para él mismo.

Preparó a sus huestes y durante varios días las ejercitó convenientemente, en espera de lanzarlas contra las tropas del poderoso y traidor Wang Kan. Sabía, por sus mensajeros secretos, que sus enemigos se disponían a celebrar una de sus fiestas, confiados en que nadie los molestaría.

Temutchin dejó a mujeres, niños y rebaños en sus tierras, y sin descansar un solo instante, seguido de sus tropas, se encaminó hacia el campamento enemigo. Tan sólo cuando el caballo que montaban se veía fatigado, lo cambiaban por otro de los llevaban de reserva junto a ellos, a fin de no tener que detenerse.

Sin descansar noche ni día y sin hacer caso de los que protestaban por aquel cabalgar desesperado, Temutchin llegó con sus tropas a la vista del campamento de Wang Kan, en el que se disponían a celebrar sus festejos.

Temutchin repartió sus fuerzas y luego las lanzó sobre los desprevenidos enemigos, que asustados y sorprendidos ante aquel inesperado ataque, huyeron despavoridos de los furiosos mongoles que los perseguían sin piedad.

El ejército de Wang Kan fue completamente aniquilado. Y miles de prisioneros, antes que oponerse a los feroces mongoles, se entregaron voluntariamente a Temutchin.

Todo el botín fue repartido entre los que le habían ayudado, sin que el Kan reservara nada para él.

En aquella batalla Temutchin se dio cuenta de que se había decidido su suerte, y por ello, sin dar tregua a los guerreros, los reagrupó y en un avance incontenible se lanzó a la conquista de Karakorum, capital del Imperio de Wang Kan.

Temutchin se apoderó de la ciudad fácilmente, ya que por estar desguarnecida se rindió a la primera acometida. Wang Kan, al ver aproximarse a las tropas mongolas, huyó a refugiarse con una tribu amiga, pero fue asesinado por dos enemigos, a los que anteriormente había castigado.

Días después le fue entregada a Temutchin la insignia de Wang Kan montada en plata. El Kan de los mongoles ya era el señor de la estepa.

Todas las pequeñas tribus acudieron inmediatamente a reconocerlo como jefe y a rendirle tributo de sumisión. Pero Temutchin, después de dejar Karakorum organizada, marchó hacia sus tierras en busca de su familia, acompañado de sus hijos y de sus más fieles amigos.

Su poder en la estepa era absoluto, y aunque algunas tribus no lo reconocían como jefe, aceptaban su autoridad y sumisas entregaban el tributo que les correspondía.

Lo primero que pensó Tamutchin fue en organizar su destrozado ejército. Para ello nombró a varios instructores, encargados de clasificar a las tribus con arreglo al número nueve. Al frente de cada nueve tiendas había un capitán, y éste a su vez obedecía a un inmediato superior, que mandaba sobre un total de cien tiendas. Cualquier insubordinado o protestón, era apartado por completo de toda actividad militar.

Temutchin tenía una gran experiencia y por ello sabía de la ingratitud y de la deslealtad humanas. Ahora no quería que le volviera a ocurrir lo que antes le había sucedido. Necesitaba seguridad en las tropas que mandaba, y sólo lo podía conseguir con disciplina y organización.

Reglamentó en lo posible las costumbres guerreras de aquella época, prohibiendo el pillaje y el robo, y convirtió en ley la hermandad en vida y en muerte, de todos los soldados. La fidelidad de camaradería era sagrada, y todo aquel que abandonaba a un compañero herido era condenado a muerte.

Todas las tribus obedecían a Temutchin ciegamente, sin que sus jefes pusieran objeciones a sus proyectos o iniciativas. Sin embargo, cada vez que debía tomar una determinación importante, obraba, no según su criterio personal, sino de acuerdo con los usos y costumbres de los mongoles, y siempre tras someter a juicio de los demás aquello que fuera motivo de discusión.

Ahora los demás le incitaban a proseguir las conquistas, guiados por el afán de lucro y aburridos de aquella vida plácida. Pero Temutchin tenía otros proyectos, y para realizarlos necesitaba estar seguro de sus hombres, y al mismo tiempo conocer sus posibilidades.

Capítulo 6

El Imperio de Gengis Kan

En 1206, el "ordu" de Temutchin era una inmensa ciudad de tiendas, en el curso superior del Onon, donde los habitantes disfrutaban de paz y prosperidad como nunca antes.

La inmensa pradera se veía llena de rebaños con miles de caballos y vacas, pertenecientes a la poderosa tribu de los mongoles.

Cada día llegaban ante la tienda del Kan jefes de tribu que iban a entregar su tributo y a rendir vasallaje a Temutchin. Otras veces eran emisarios de países lejanos a los que Temutchin recibía con agrado, y trataba de obtener noticias del estado y riqueza de sus respectivos pueblos.

Hacía tiempo que el Kan había tomado una resolución, y para darla a conocer mandó reunir el "Kuraltai" o Gran Consejo de los mongoles.

Para esto se había levantado una tienda gigantesca, construida con pieles blancas. Su interior estaba tapizado con ricos brocados y lujosos damascos. El suelo estaba alfombrado con mullidas y suaves pieles, y los postes de madera que sostenían la tienda estaban recubiertos de planchas de oro e incrustaciones de pedrería.

El "tug" o bandera blanca de los mongoles con el halcón y los cuervos, con nueve puntas superpuestas en cada una de las cuales había una pluma blanca de halcón, se agitaba a uno de los lados de la entrada, mientras al otro lado se veía el emblema de guerra del Kan, clavado en el suelo y con cuernos de "yack" en su extremo y cuatro colas negras de caballo colgando.

Cuando todos los jefes de tribu ya estaban en la tienda, entre un silencio impresionante y acompañado de sus nueve generales –elegidos entre sus familares e incondicionales–, hizo su entrada el Kan de los mongoles, Temutchin. Tomó asiento sobre la piel blanca, y habló así:

–Los he reunido porque creo que nuestro pueblo necesita de un emperador que agrupe a todos los mongoles bajo un solo poder y los lance a luchar contra cualquier otro imperio. Si lo desean yo puedo ser ese emperador, pero con la condición de que todos me obedezcan ciegamente...

Todos los presentes prorrumpieron en vítores y aplausos, demostrando estar de acuerdo con las palabras de Temutchin, mas debían darle un título, con el que de ahora en adelante habían de nombrarlo.

Entonces intervino el "schaman" o adivino Gotchu y anunció a todos el nombre con que el Eterno Cielo Azul quería designarlo.

–Se llamará Gengis, Gran Kan –dijo.

Y en esta forma Temutchin quedó designado emperador. Gengis, Gran Kan le llamaron sus hombres, pero las crónicas lo llamaron Gengis Kan.

Gengis Kan agradeció su nombramiento e inmediatamente todos se arrodillaron ante él y se inclinaron cuatro veces, hasta tocar el suelo con la frente. Después, sus generales cargaron el trono en hombros y pasearon a Gengis Kan por el poblado, mientras miles de personas se arrodillaban a su paso. Luego comenzó una gran fiesta como jamás habían visto. La carne de caballo hervida y el "kumys" fueron repartidos hasta que todos quedaron saciados.

A partir de aquel día, con el buen gobierno de Gengis Kan, se despertó en el alma de los mongoles el sentimiento del orgullo nacional y la alegría de saberse protegidos. Todas las tribus se unieron y el nombre de los mongoles se extendió como un incendio por todos los países vecinos.

A diario llegaban de lejanos lugares delegaciones con regalos y tributos para el emperador. Y Gengis Kan repartía no sólo los regalos, sino también sus favores entre aquellos más fieles. Y lo asombroso del caso es que nunca se equivocó, ni tuvo que lamentarse de una traición ni de una ingratitud.

Gengis Kan sabía pagar con generosidad todo este afecto y lealtad. Y nadie pudo quejarse de que su emperador no supiera reconocer sus méritos.

Los mongoles tuvieron una temporada de paz y tranquilidad, y Gengis Kan se dedicó a organizar y adiestrar a sus ejércitos para que cuando creyera conveniente disponer de ellos, estuviera seguro de su efectividad. Y también procuró tener noticias de los países que había más allá de sus fronteras.

De todos ellos el que llamaban Catay (China) era el que más le llamaba la atención. Y como todo lo que le contaban de ese país lejano y misterioso era tan interesante, concibió la idea de llegar hasta él para conocerlo y conquistarlo.

Todos los hombres útiles para la guerra, empezaron a preparar las armas para lanzarse a la conquista de Asia.

*

El trono de Catay estaba en poder de la dinastía de Oro de los Chin, y la corte se hallaba establecida en Yen-King, cerca de donde hoy es Pekín.

Los comerciantes y los espías le habían contado a Gengis Kan muchas cosas extraordinarias acerca del imperio Chin. Le habían dicho que allí había grandes y caudalosos ríos cruzados por puentes, y tranquilos lagos en los que flotaban magníficos palacios; que las ciudades estaban rodeadas de sólidas murallas y los ejércitos empleaban armas potentes y desconocidas. También le contaron que los grandes personajes eran llevados en carrozas de oro, adornadas con piedras preciosas, y que en el país era inimaginable el esplendor y la riqueza que había. Por último le dijeron que el emperador de Catay poseía tesoros inmensos, infinidad de esclavos y un gran número de hombres hábiles e inteligentes, que lo asesoraban y obedecían ciegamente.

Junto a estas noticias tentadoras, llegaban los comerciantes con sus mercancías, y a la vista de ellas los mongoles se excitaban y sólo pensaban en el momento en que su Kan les ordenaría ponerse en camino hacia el lejano y rico Catay.

Pero Gengis Kan, a pesar de acariciar la idea de ver todas aquellas maravillas que se hallaban tras la Gran Muralla, sabía que no estaba todavía en condiciones de emprender esa conquista.

Por una parte veía que un pueblo guerrero le obedecía ciegamente, y por otra reconocía que el día de afrontar la lucha se acercaba.

Gengis Kan ya no era impetuoso e irreflexivo, ahora era el estratega que estudiaba serenamente las empresas guerreras. No podía aventurarse a lanzar a sus hombres a una lucha en la que no tuviera la seguridad de la victoria.

Los mongoles tenían una fe ciega en él y no los podía defraudar. El paso que diera tenía que ser seguro. Pero los indomables mongoles ardían en deseos de lanzarse a la lucha, creyendo que con su ímpetu y valor, y dirigidos por su emperador, conquistarían lo que se propusieran.

Entonces Gengis Kan quiso hacer una prueba. Dio a sus generales la orden de reunirse, y muy pronto, de todas las tribus, acudieron los guerreros montando sus rápidos caballos con el machete al cinto y el arco y las flechas en bandolera.

Gengis Kan les expuso su plan. Les dijo que temía que la lucha que emprenderían les demostraría que todavía no estaban en condiciones de lanzarse contra Catay.

Le preguntaron la razón, y él contestó que no podrían contra los muros y fortalezas; que en campo libre no había enemigo para ellos, pero en el asedio de las ciudades no tenían nada que hacer.

Luego les dijo que harían una prueba y después hablarían.

Y ese mismo día un numeroso ejército mandado por el Kan, sin más equipo que sus caballos y sus flechas, se lanzó a la conquista de la fortaleza de Wolkai.

Los enemigos que les salieron al encuentro fueron derrotados fácilmente, y, prosiguiendo su incontenible avance, llegaron ante los muros de la ciudad, a la que sitiaron. Entonces comprendieron todos que Gengis Kan tenía razón al ver que ni sus caballos ni sus flechas podían hacer algo contra las sólidas fortalezas que tenían delante. La incertidumbre y el desgano empezó a cundir entre las tropas mongolas.

En la tienda de Gengis Kan ondeaba al viento su bandera blanca con el halcón, y ésta no podía ser derrotada. Antes que levantar el asedio y retirarse sin conseguir su propósito, era capaz de cualquier cosa para levantar la moral de los mongoles.

Esa misma tarde llamó a un emisario y le dijo que buscara al que mandaba en la fortaleza para parlamentar con él.

Al oir el deseo de su Kan, todos los oficiales mongoles quedaron sorprendidos. Pero su asombro llegó al colmo cuando al preguntar el enemigo qué era lo que deseaba, le oyeron decir:

—Levantaré el asedio de la ciudad si me entregan diez mil golondrinas y mil gatos.

Lo primero que pensaron todos al enterarse de las palabras de Gengis Kan, fue si éste no se habría vuelto loco al solicitar tal cosa del enemigo.

Pero el enemigo no lo debió de interpretar así, porque al día siguiente unos mensajeros llegaron al campamento mongol transportando en grandes cestos los animales solicitados.

Los rudos y aguerridos mongoles creyeron que aquello era una broma de su emperador. Pero pronto comprendieron que no era así.

Cuando llegó la noche, Gengis Kan ordenó que ataran un buen puñado de algodón en rama a las colas de las golondrinas y a los rabos de los gatos, que les prendieran fuego y dejaran libres a los animales.

La escena resultó verdaderamente impresionante. En la noche aquellas miles de llamas corriendo y volando entre aullidos desgarradores y chillidos espantosos daba la impresión de algo alucinante. Las golondrinas y los gatos, semejando una alocada carrera de fuegos fatuos, se dirigieron hacia la ciudad en busca de sus nidos y escondrijos.

Y cuando momentos después, la ciudad ardía por los cuatro lados, Gengis Kan ordenó el asalto. Los mongoles, obedeciendo las órdenes de su Kan, se lanzaron al ataque de la fortaleza, y unos momentos después ésta se rendía sin condiciones.

Todos acudieron a felicitar a su emperador por la genial ocurrencia que les había dado la victoria. Pero Gengis Kan, agradeciendo sus elogios con sinceras palabras, les dijo:

–Lo de hoy no se puede repetir, ni podemos dejar al ingenio nuestros triunfos. Tenemos que estudiar la manera de poder vencer de otra forma la resistencia de las murallas.

Algunos impacientes pidieron que continuaran con la conquista, pero Gengis Kan, sonriendo satisfecho, al ver la fe con que lo seguían aquellos hombres, les contestó:

–¡No! Hoy hemos triunfado, pero este triunfo es para nosotros una gran lección que debemos aprovechar.

Y al día siguiente reunió sus tropas, y cargados con un rico botín se encaminaron al "ordu", en donde fueron recibidos con gran alegría.

La noticia de aquella victoria se extendió rápidamente y contribuyó a aumentar el prestigio de Gengis Kan. Pero éste no estaba satisfecho porque ya sabía cuál era su debilidad y cuál la fuerza de las ciudades que había soñado conquistar. Y ahora había llegado el momento de poner en práctica lo necesario para hacerse invencible.

A partir de aquel día empezaron todos los preparativos para llevar a cabo la conquista más grande que se ha conocido en todos los tiempos. Los mongoles necesitaron un entrenamiento militar que los pusiera en condiciones de adaptarse a cualquier circunstancia y de vencer todas las dificultades que se les presentaran.

Gengis Kan daba órdenes que eran fielmente cumplidas por los oficiales encargados de adiestrar a los guerreros, y aleccionados bajo aquel nuevo arte militar, muy pronto las fuerzas mongoles estuvieron preparadas para lanzarse a la conquista soñada.

Representación de Gengis Kan
en una miniatura china.

Capítulo 7

A la conquista de Catay

Era el año 1210, y el invierno había cubierto la estepa.

Desde la antigüedad, los pobladores del Gobi estaban obligados a pagar al Emperador de Oro o Hijo del Cielo, el tributo acordado. Y este año un oficial salió de Catay para recaudarlo y, al mismo tiempo, hacerles saber la proclamación del nuevo emperador. El anciano Chin había muerto y el trono lo ocupaba ahora el joven Wai-Wang.

Según el ceremonial de la época, el edicto imperial debía ser recibido de rodillas y mirando hacia el Sur.

Por eso los embajadores chinos quedaron asombrados cuando al llegar a la tienda de Gengis Kan, éste los recibió de pie sin que se viera la menor muestra de sumisión.

El jefe de la embajada hizo saber al intérprete que traían un mensaje del emperador, pero Gengis Kan haciéndose el ignorante de lo que pasaba, preguntó:

—¿Así que hay un nuevo emperador?

El embajador, en un tono respetuoso y solemne, le respondió:

—Sí. Es Wai-Wang que antes fue el príncipe Yun-Chi y que estuvo aquí a cobrar el último tributo.

Entonces Gengis Kan se volvió hacia el Sur y cuando los embajadores creían que se iba a arrodillar respetuosamente, vieron estupefactos que escupía con un gran desprecio.

Y al ver Gengis Kan que todos lo contemplaban asombrados, exclamó con voz firme:

—Siempre creí que el Hijo del Cielo sería un hombre extraordinario. Pero si un imbécil como Wai-Wang ocupa el trono, ¿por qué he de humillarme ante él?

Enseguida, mientras todos permanecían mudos de asombro, ordenó a un servidor:

—¡Que traigan mi caballo!

Y cuando lo tuvo a la puerta de la tienda, de un salto montó y dando un grito partió a galope, perdiéndose a lo lejos.

Al día siguiente, cuando ya habían partido los embajadores del emperador Wai-Wang, en el pabellón de Gengis Kan se reunieron los jefes de todas las tribus. Entonces Gengis Kan les dijo que había decidido emprender la guerra contra Catay.

Aquel invierno, con un entusiasmo indescriptible, todo el pueblo mongol se dedicó a hacer los preparativos necesarios y a forjar puntas de flecha, fabricar escudos y cortar ballestas. Otros salieron para reunir más caballos, ya que cada guerrero tenía que llevar un par de caballos al menos, para tener siempre uno de refresco.

Cuando los mongoles estaban haciendo estos preparativos, llegó a oídos de Gengis Kan que un ejército había cruzado la Gran Muralla y avanzaba por orden del Hijo del Cielo, para castigar a los mongoles por su rebeldía.

Al saber Gengis Kan el número de soldados que componían aquel ejército, llamó a su general Chepé-Noyon, y con unos miles de hombres lo mandó a detener a los chinos.

Éste, no sólo los detuvo, sino que después de derrotarlos totalmente, los hizo huir en desbandada a refugiarse aterrorizados tras la Gran Muralla.

Cuando Gengis Kan tuvo noticia de esta victoria, volvió a reunir a su Estado Mayor y les comunicó que cuando llegara la primavera marcharían sobre Catay.

*

Pocos días antes de partir, volvió a reunir en su tienda a todos los jefes mongoles y les dijo:

—Vengaremos todas las humillaciones que el Imperio chino nos ha hecho, pero no olviden que en esta empresa lo arriesgamos todo y no sólo la vida, sino hasta el honor, el nuestro y el de nuestros hijos.

—Contigo iremos a donde nos quieras llevar —respondieron todos con gran fe.

Gengis Kan, retirado en su tienda durante tres días seguidos, estuvo ayunando y haciendo oración a sus dioses. Cuando al tercer día salió, les comunicó a todos:

—Ahora estoy seguro de la victoria.

Y en la primavera del año 1211, las hordas mongoles partieron hacia Catay.

Por primera vez en la Historia, los nómadas marchaban a la invasión de una potencia civilizada, de fuerza militar muy superior a la de ellos. Gengis Kan hacía su aparición en los campos de batalla y el libro de la Historia se abría ante él.

La vanguardia de la horda hacía varios días que había salido del Gobi, desplegada en forma de abanico.

Los mensajeros "flechas", los espías y guerreros, traían sin cesar informes, prisioneros adversarios y noticias de lo que ocurría en el campo enemigo.

Hacía tiempo que todo este servicio de información se hallaba trabajando al otro lado de la Gran Muralla, de aquí que Gengis Kan estuviera perfectamente enterado de la situación.

Cientos de jinetes distribuidos por parejas, marchaban en avanzada por todas las comarcas, y detrás de estos exploradores seguían las fuerzas de choque, distribuidas en tres cuerpos de ejército mandados por los generales Muhuli, Chepé-Noyon y Subotai.

Luego seguía el grueso de la horda. El centro estaba formado por un bloque de cien mil hombres, y los flancos constituidos por cincuenta mil cada uno. Gengis Kan mandaba el centro, y sus dos hijos, Juchi y Chatagai, las alas.

El pequeño Tuli, el hijo preferido de Gengis Kan, cabalgaba al lado de su padre, lleno de contento por poder participar en aquella empresa.

El pacífico y prudente Ogotai había quedado con una pequeña tropa al mando de Karakorum para mantener el orden.

De los hijos de Gengis Kan, el mayor tenía tan sólo dieciocho años, pero bajo la mirada vigilante de su padre, marchaba al frente de numerosos guerreros.

Doscientos mil guerreros, cabalgando veloces caballos, avanzaban desplegados como un gran abanico en dirección a la Gran Muralla.

Cada jinete llevaba su caballo de reserva, y colgando del arzón, tiras de carne seca y un odre de piel lleno de leche fermentada. Para poder alimentarse en las grandes llanuras, donde escasea la caza, llevaban tras de sí grandes rebaños de bueyes, que iban sacrificando a medida que los necesitaban.

Cuando llegaban a un país enemigo, los mongoles se abastecían de lo que obtenían de sus adversarios. Todo estaba previsto por el Kan, y era de esperar que no fallaran sus planes.

Aquellos miles de hombres que avanzaban desparramados, estaban bien advertidos de que, al producirse la lucha en cualquier parte, debían concentrarse a la mayor rapidez posible. Y esta táctica había llegado a tal grado de perfección, que el enemigo quedaba desconcertado al ver aparecer en el lugar más increíble aquellas avalanchas de jinetes, galopando y gritando como demonios.

Los servicios de enlace funcionaban sin cesar, y así Gengis Kan conocía la situación exacta de sus tropas y sabía de sus necesidades.

Sin perder un solo hombre, el ejército mongol atravesó la Gran Muralla, y en forma de tenaza entró en tierras de Catay, arrasando las aldeas que encontraban a su paso, hasta que tuvo que detenerse al llegar ante la ciudad amurallada de Taitang-Fu.

Gengis Kan en persona puso sitio a la ciudad. Luego concentró todas las tropas y, como un alud terrible, las lanzó por las llanuras del Este en dirección a Pekín.

El ejército chino no apareció, y las tropas mongoles continuaron su avance, devastando el país. La gente corría a refugiarse tras las murallas de las ciudades, pero los mongoles, en vez de perder tiempo en rendirlas, pasaban de largo dejando tras de sí la desolación y la muerte.

Por fin, en incontenible avance, las tropas mongoles llegaron ante la capital de Wen-King y se posesionaron de los jardines que rodeaban la ciudad.

Al observar aquellas defensas, fosos y murallas, Gengis Kan quedó vivamente impresionado, y después de recorrer a caballo el perímetro de las fortificaciones, comentó con sus generales:

—¡Esto es enorme! ¡Nunca había imaginado una cosa igual!

Varios días quedó desconcertado, sin saber por dónde iniciar el ataque. Además, temía empezar el asedio y luego verse obligado a levantarlo ante la imposibilidad de rendir la ciudad.

Sus mensajeros le informaron que a pesar de todos los cientos de millas que habían conquistado, aquello sólo era una pequeñísima parte del inmenso Imperio chino.

Gengis Kan pensó en desistir de su empresa y regresar a sus tierras.

Algunos grupos de guerreros más impacientes trataban por todos los medios de asaltar las fortalezas. Pero todos sus esfuerzos resultaban inútiles ante aquellas defensas inexpugnables.

Gengis Kan se convenció de que era inútil cualquier tentativa que realizara, y antes de que sus tropas se dieran cuenta de que habían fracasado, ordenó a sus oficiales la retirada. Algunos protestaron, pero Gengis Kan les dijo que regresarían.

Y la horda se encaminó hacia sus lares. Llevaban un rico y cuantioso botín, pero los mongoles iban tristes por no haber podido lograr lo que se proponían. Por eso Gengis Kan en vez de regresar al "ordu", determinó acampar fuera de la Gran Muralla, en espera de acontecimientos favorables y a resguardo de sorpresas desagradables. Mientras tanto, en el interior de Catay todas las circunstancias trabajaban a favor de Gengis Kan.

Los mensajeros y noticias que llegaban constantemente, así lo daban a entender.

*

En el invierno, los hombres de Gengis Kan se dedicaron a la caza y a rehacer el material inutilizado.

Con una operación de pillaje, Gengis Kan obtuvo incalculables rebaños de caballos, que servían para abastecer los ejércitos imperiales del Hijo del Cielo.

Y al llegar la primavera, los ejércitos mongoles invadieron de nuevo Catay.

Juchi, Chepé-Noyon y Muhuli, al frente de sus tropas, penetraron en territorio chino por tres lugares distintos. Ahora se detenían ante las ciudades fortificadas y se adiestraban en su nueva táctica de asedio.

El respeto a la vida humana había sido olvidado por las feroces tropas mongoles.

Con un nuevo estilo y una táctica diferente, operaban aquellos tres ejércitos. Avanzaban separados, pero al más ligero aviso se concentraban en unas horas, galopando incansables, y actuaban conjuntamente hasta vencer o rendir al enemigo. Luego volvían a separarse.

Cuando ponían sitio a alguna ciudad, reunían a los habitantes de los alrededores y los ponían al frente como un escudo al iniciar el asalto. Al ver esto los chinos, antes que dar muerte a sus hermanos, abrían las puertas de la ciudad y se rendían.

Los que hacían esto salvaban la vida, pero si oponían resistencia todo era arrasado, incendiado y ejecutados todos los habitantes.

Un gran terror empezó a cundir por las tierras de Catay. El hambre, la enfermedad y la muerte iban quedando tras de la horda, y por todo el horizonte avanzaban los ejércitos de Gengis Kan, seguidos de innumerables carros, rebaños de bueyes y numerosa retaguardia. Los estandartes con los cuernos ondeaban al viento por todas partes, como una amenaza.

En el verano las enfermedades atacaron a la horda, y los caballos quedaron en malas condiciones. Gengis Kan acampó cerca de las murallas de Pekín con todo su ejército enflaquecido y atacado por la fiebre.

Sus generales le pedían asaltar la ciudad, pero Gengis Kan, interpretando aquella epidemia como un aviso del cielo, no lo permitió.

Pensando en sacar el máximo provecho de su situación, envió mensajeros al emperador chino para negociar con él.

Entre otras cosas le mandó decir:

> "Te habrás convencido de que no soy tan débil como te parecía. Todos los territorios de tu reino que rodean la ciudad están en mi poder. Pero antes de atacarte a ti y causarte algún perjuicio, quiero regresar a mi tierra. ¿Consentirás que se vayan mis oficiales sin que les hagas algunos regalos para aplacarlos?"

En la corte del emperador Wai-Wang muchos interpretaron esto como un signo de debilidad, y aconsejaron contestar despreciativamente la oferta de paz. Pero los más prudentes, a la vista de tantos desastres, se inclinaron por aceptar la propuesta de Gengis Kan con un suspiro de alivio.

Al día siguiente el emperador Wai-Wang envió al jefe mongol un presente compuesto de quinientos esclavos jóvenes, un rebaño de caballos de raza y varios mulos cargados con oro y sedas.

Aquello pareció contentar a Gengis Kan y a sus hombres, porque veían que ahora era el emperador chino quien pagaba el tributo.

Entonces Gengis Kan pidió al Hijo del Cielo un regalo para él, y éste, aterrado ante la presencia de aquellos feroces mongoles, le mandó a una de sus hijas como esclava.

Tal acto de sumisión acabó por convencer a Gengis Kan, así que reunió sus tropas y se puso en marcha hacia el Gobi. Para los mongoles el imperio chino había sido vencido.

Pero Gengis Kan, en vista del calor que hacía en pleno verano, determinó acampar a la entrada del desierto, donde crecían abundantes pastos y había mucha caza.

El lugar en que se asentaron estaba a mitad de camino entre el "ordu" y la ciudad de Pekín. Y allí empezaron a llegar embajadas y emisarios, portadores de regalos y tributos para el Kan de los mongoles. Por todas partes había cundido la noticia de sus victorias sobre el Hijo del Cielo, y todos buscaban la amistad del vencedor.

Mientras tanto, los mongoles se dedicaban a cazar con halcón, a jugar a pelota, a comer carne de caballo cocida y a beber "kumys" en abundancia. En las tiendas, las veladas eran largas por la noche, y después de los grandes banquetes se celebraban animados bailes, amenizados por el batir de palmas y por afamados flautistas.

Un día llegó a la tienda de Gengis Kan uno de sus "flechas", portando el aviso publicado por el Hijo del Cielo:

> "Anunciamos a nuestros súbditos, que trasladamos nuestra residencia a la capital del Sur".

El mensajero también le informó que los consejeros y nobles de la ciudad rogaron al emperador que no abandonara la capital. Pero éste, desoyendo sus consejos, dejó a su hijo al frente de Pekín y huyó hacia el Sur.

En cuanto salió de la ciudad el Emperador de Oro, estalló una rebelión, que el hijo de Wai-Wang no pudo reprimir, por lo que Pekín estuvo durante días en manos de los rebeldes.

Estas noticias hicieron que Gengis Kan lanzara a sus huestes de nuevo sobre la capital china. Pero esta vez, en lugar de ir él al frente, confió el mando al veterano Muhuli quien, a toda prisa, cabalgando noche y día llegó a Pekín.

El desorden cundía en la ciudad, pues varios generales sublevados combatían entre sí.

Finalmente, uno de los generales abrió las puertas de la ciudad a los mongoles, y Muhuli se hizo dueño, sin luchar, de la poderosa fortaleza ante la cual se habían estrellado los ejércitos de Gengis Kan.

Los mongoles cruzaron a caballo las calles de Pekín, devastando todo lo que encontraban a su paso. Los monumentos fueron derribados y las obras de arte destruidas o incendiadas. La sarna y la peste entraron con los mongoles en la capital, y pronto se esparcieron por todas partes. Inmensas hogueras consumían los restos de los tesoros artísticos de la dinastía de los Chin.

Los palacios fueron ocupados por los invasores. Los biombos, cortinajes y bordados que adornaban las hermosas habitaciones fueron destrozados por los feroces mongoles. En los templos fueron introducidos los caballos y junto a ellos se alojaron sus jinetes.

La caída de Yen-King o Pekín, fue una orgía espectacular y sangrienta. Catay había sucumbido al fin.

Gengis Kan, al recibir la noticia, quedó complacido, pero no se molestó en acudir a contemplar lo que tantos esfuerzos le había costado. Aquello ya no le interesaba. Ahora soñaba con otras conquistas. No le bastaba ser virtualmente el dueño de Catay.

A Muhuli lo dejó como gobernador de Catay, y ordenó a todos los catayanos que obedecieran a Muhuli como si fuera él quien los mandara.

Y hasta pocos meses antes de morir, Gengis Kan no volvió a poner los pies en aquellas tierras.

Una gran cantidad de caravanas cargadas con las incalculables riquezas de los palacios de Pekín, salieron durante meses con dirección a Karakorum, en donde se había retirado el Kan mongol. Con ellas llegaron también centenares de artistas, artesanos, ingenieros, filósofos y magos, que pronto fueron introduciendo en la vida de los mongoles grandes cambios.

Gengis Kan sentía desprecio por las personas de las ciudades, y sólo consintió en establecerse en Karakorum, porque era la de mayor renombre entre las del desierto. Él prefería las fértiles estepas de su tierra, pero como allí no era posible establecer el centro de un Imperio, eligió los alrededores de Karakorum. Su palacio era pobre y carecía de comodidades. Él era un guerrero y pasaba poco tiempo en la ciudad. Se encontraba más a gusto en su tienda de piel, que entre los salones de los palacios. Allí que vivieran su mujer, sus hijos y sus familiares.

Muchas veces, acompañado de su guardia personal y de pocos amigos, Gengis Kan abandonaba las comodidades de Karakorum y se iba de cacería o a las estepas cercanas al lago Baikal. Cuando llegaba a su tierra hasta parecía cambiar, no sólo de carácter, sino de aspecto. Entonces subía a los bosques de los montes Altai y allí se pasaba las horas meditando.

Gengis Kan, al igual que sus guerreros, era un hombre que no sentía apego a la vida, a sus riquezas ni al disfrute de ellas. Y también, como ellos, nunca estaba harto de la guerra.

Por eso, al ver a todos sus guerreros ricos y servidos por esclavos de ambos sexos, temió por las virtudes que tenían los mongoles cuando eran nómadas.

Las fiestas no cesaban un momento, y sentadas alrededor de las hogueras, las personas escuchaban los relatos de los que habían participado en las últimas campañas. Y los chiquillos sentían envidia, pues deseaban participar en aquellas aventuras que sus padres les contaban.

El invierno casi terminaba, y eso le quitaba a Gengis Kan la preocupación de tomar otras medidas. Aquella inactividad resultaba perjudicial para los mongoles.

Capítulo 8

Hacia nuevas conquistas

Gengis Kan era un hombre solitario. Casi no le gustaban las tertulias y conversaciones. Hablaba poco y sus pensamientos no eran muy difundidos. A excepción de sus hijos, eran contados quienes podían acercarse a él.

Sus cuatro hijos crecieron a su lado y fueron educados por él, con el rigor que caracterizaba las costumbres de la estepa.

El primogénito Jutchi, tenía un temperamento fuerte y violento, y era muy ambicioso. Debido a esta forma de ser, chocaba a menudo con su padre, pues además era muy rebelde. No obstante, Gengis Kan siempre lo respetó.

El segundo de sus hijos, Chagatai, era un guerrero excelente, aunque de un carácter desigual y caprichoso. De la alegría más desbordada, pasaba a la más triste melancolía. De su padre había heredado el espíritu solitario.

Ugodei era el tercero, y lo llamaban el "pacífico" y el "sabio". Su prudencia y discreción admiraban a Gengis Kan, que en muchas ocasiones le pedía consejo, sobre todo en orden político. De los cuatro hijos, Ugodei era el más parecido a su madre Bourtai.

El más pequeño se llamaba Tuli y era el hijo preferido del Kan, por ser su vivo retrato. Era bajo de estatura, fuerte y musculoso. Su astucia rayaba en la hipocresía y su crueldad llegaba a los mayores refinamientos.

Pero al único a quien Gengis Kan quería con un cariño extraordinario y sincero, era al niño Kubilai, nieto suyo e hijo de Tuli. Cualquiera de sus travesuras eran para el abuelo la mayor de las gracias.

Kubilai sería más tarde el famoso Gran Kan, el de la corte fastuosa que viera Marco Polo; aquel emperador que llevó a los guerreros tártaros hasta las mismas puertas de Viena e hizo realidad los sueños de su abuelo Gengis Kan.

"Orluks" o águilas, príncipes de sangre imperial, fue el titulo que Gengis Kan concedió a sus hijos.

En los ratos libres que le dejaban sus ocupaciones, Gengis Kan conversaba con ellos y les contaba cosas de su infancia y juventud.

También su madre Ouloun-Eke, por la que sentía veneración, estaba presente cuando el Kan recordaba su vida pasada. Gengis Kan no había olvidado el papel decisivo que había tenido ella en su vida.

Un día que Gengis Kan conversaba con su familia, les dijo:

—Voy a contarles cómo acabé con los lobos que devoraban nuestras ovejas cuando tenía tu edad, Tuli.

Y acomodándose en su asiento empezó diciendo:

—Todos los días los lobos hacían estragos en nuestros rebaños. Aquello no podía ser. Ya saben que para un mongol, los animales de sus rebaños son sagrados. Entonces fui con el Kan y le dije:

—¿Quieres que acabe con los lobos de la estepa?

—¿Cómo lo harás? —me preguntó.

—Si me prestas unos cuantos arqueros y un verdugo te lo demostraré enseguida — le dije.

—Entonces obligué a que cada mongol matara por lo menos un lobo, y al que se resistía lo amenazaba con morir a manos del verdugo. Todo el mundo se las ingenió como pudo. Unos con sus arcos, otros con trampas, el hecho fue que cada mongol se presentó, por lo menos, con la piel de un lobo, y al cabo de una semana ya no se veía uno en toda la estepa. A partir de entonces los rebaños pudieron pacer tranquilos — terminó diciendo Gengis Kan.

Luego el Kan volvió a sus meditaciones, y la abuela, haciendo a los muchachos una seña, salió con ellos de la tienda, dejando al jefe de los mongoles sumido en sus pensamientos.

*

Muchos se han extrañado de que Gengis Kan no justificara las guerras con motivos religiosos, sentimientos nacionalistas o cuestiones personales. Las guerras de Gengis Kan no se apoyaban en ninguna ideología. Para él la guerra era un placer y el afán de dominio era su única ambición.

De ahí que en la inactividad, Gengis Kan se entristeciera y llegara hasta el más completo aburrimiento. Para distraerse necesitaba actuar.

Generalmente no admitía otra voluntad que la suya. Quería libertad absoluta para gobernar, y aunque la moral y las virtudes eran en cierto modo desconocidas para él, solía actuar con un recto sentido y una clara visión, de acuerdo con las costumbres de aquellos pueblos.

Como para él la muerte no significaba nada, y ningún mongol sentía temor por ella, para Gengis Kan matar era una cosa sin importancia y sólo era interesante cuando había lucha.

Sus sentimientos eran pocos: el amor a su familia, a sus amigos, y sobre todo a su tierra, a su querida estepa.

Decía que su pueblo había nacido para dominar a todos los demás, que ninguno de los emperadores y príncipes extranjeros valían lo que el sudor de un mongol. Por eso cuidaba a sus guerreros y sentía temor de que se contagiaran de las costumbres de los pueblos conquistados.

Gengis Kan había alcanzado la cima del poder y de la gloria. Sus hijos y generales habían ensanchado sus dominios, que limitaban al Este con el océano. China era virtualmente suya.

Por el Sur la inmensa cordillera del Himalaya no le permitía entrar en las misteriosas y ricas tierras de la India. Por el Norte tropezaba con los hielos, que se extendían por Siberia. Tan sólo su poder estaba limitado hacia el Oeste.

Por el Sudoeste estaban Persia, Bagdad y Samarcanda, y por el Noroeste tenía a Rusia y Europa.

Gengis Kan había nacido para guerrear, y no había nada que frenara sus ambiciones de conquista. Por eso, pronto reunió en su tienda a sus generales y les expuso la necesidad de extender los dominios del Imperio mongol.

Uno por uno los oficiales fueron dando su opinión sobre lo que creían más provechoso. Cuando todos hubieron hablado, Gengis Kan se quedó pensativo unos instantes y les dijo sin más comentarios:

—Nos dirigiremos hacia el Sur.

Por fortuna para Europa, al llegar la primavera, la horda de los mongoles dividida en varios ejércitos salió como un incendio devastador hacia el otro lado de las cordilleras, donde según les habían dicho existían fértiles tierras en las que jamás caía la nieve.

Al otro lado de las montañas se extendía el imperio independiente de Corasmia, que gobernaba el Sha Mohamed.

Hacía tiempo que Gengis Kan sabía del mundo islámico, gracias a sus "flechas" y espías, que constantemente le proporcionaban información. Por otra parte, los comerciantes en sus visitas a Karakorum llevaban con sus magníficos objetos de adorno, sedas y alfombras, cotas de malla, cascos, escudos y sables curvos, noticias de la vida y poder del Sha de Corasmia.

Con estos comerciantes, Gengis Kan le mandó una embajada acompañada de ricos presentes y con este mensaje:

> "Yo te saludo, Sha de Corasmia. Sé de tu poder y conozco la gran extensión de tu Imperio. Debes saber que he conquistado Catay. No tengo necesidad de otras tierras y sólo deseo estimular el comercio entre nuestros pueblos".

El Sha Mohamed, al recibir el mensaje y los regalos, trató de informarse de la importancia del que así requería su colaboración.

—¿Quién es Gengis Kan? — preguntó.

Cuando los comerciantes le informaron ampliamente, volvió a inquirir:

—¿Es verdad que ha conquistado Catay?

—Sí —le contestaron los emisarios.

Pero al Sha era otra cosa lo que le preocupaba.

—¿Son sus ejércitos tan poderosos como los míos? —les preguntó lleno de temor.

Los enviados replicaron con diplomacia que las huestes de Gengis Kan no podían compararse con las suyas, y que además parecían estar sin disciplina y sin jefes.

Aquella contestación agradó a Mohamed, quien poco después ni se acordaba de que existiera Gengis Kan.

Mientras tanto, éste estudiaba detenidamente el paso por las montañas. Y luego, mandó a Jutchi y Chepé-Noyon hacia la frontera del Sha para hacer un reconocimiento minucioso.

Por otra parte, las relaciones entre el Sha y el Califa de Bagdad eran muy tirantes, y este último no vaciló en solicitar ayuda a Gengis Kan. Para ello mandó un emisario. Pero como éste forzosamente tenía que atravesar las tierras del Sha para que no pudieran interceptar el mensaje, afeitaron la cabeza del emisario y luego, con un hierro candente, marcaron sobre el cuero cabelludo el contenido del mensaje con el sello del Califa. Luego le dejaron crecer el cabello y le hicieron aprender de memoria el mensaje. Entonces lo dejaron partir en dirección a Karakorum, para que lo entregara a Gengis Kan.

Al llegar a la corte de los mongoles, éstos lo raparon otra vez y encontraron el sello del Califa. El emisario pronunció su mensaje, en el que se proponía al Kan una alianza para luchar contra el Sha. Pero Gengis Kan dijo que el Sha era amigo suyo.

Y a pesar de que el Califa volvió a insistir, el jefe mongol no le prestó la menor atención.

Poco tiempo después, una caravana de mercaderes procedentes de tierras del Kan mongol fue apresada por el gobernador de Otrar, ciudad fronteriza perteneciente al Sha.

A Mohamed le dijeron que entre los mercaderes había espías mongoles. Entonces él ordenó que los ejecutaran.

Todos los mercaderes fueron asesinados y robadas sus mercancías por Inaljuk, que así se llamaba el gobernador.

Sólo un esclavo logró evadirse y llegar hasta un puesto mongol, desde el que hicieron llegar a Gengis Kan la triste noticia.

Al enterarse el Kan, envió al Sha una protesta exigiéndole la entrega del culpable, y que en caso contrario trataría de vengar la muerte de sus mercaderes.

El Sha ordenó matar al jefe de los mensajeros y quemar las barbas de los demás. Luego los mandó escoltados hasta las montañas, con saludos para Gengis Kan.

Los mongoles consideraban a un embajador o a un emisario, intangible y sagrado. Por eso cuando Gengis Kan se enteró de este hecho, se cuenta que lloró; él que jamás derramaba una lágrima ni ante la muerte de sus seres queridos. Después de esto sentenció:

—Así como no puede haber dos soles en el cielo, tampoco puede haber dos Kanes sobre la Tierra. Yo no soy el causante de lo que pasará.

Enseguida llamó a un mensajero y lo mandó a Mohamed con este mensaje:

> "Has elegido la guerra. Sucederá lo que tenga que suceder, y eso ni tú ni yo lo sabemos".

Aquel mismo día reunió a su ejército. Sus "flechas" partieron en todas direcciones, para convocar a toda la horda de los mongoles. Desde el Altai hasta el mar Amarillo, las huestes se pusieron en marcha para aquella guerra de represalia. Hombres desde los diecisiete hasta los sesenta años, tomaron las armas para participar en la contienda.

Sólo un jefe de tribu, vasallo de Gengis Kan, se negó a unirse al ejército.

Como de momento le urgía a Gengis Kan ir contra el Sha, demoró el castigo del traidor y se encaminó con su ejército hacia las montañas. Eran de doscientos cincuenta a trescientos mil hombres, número en cierto modo excesivo para lanzarse sobre el país.

Jutchi fue enviado delante con un destacamento de cincuenta mil hombres, para obstaculizar los preparativos y defensas que pudiera intentar el Sha Mohamed. El primogénito de Gengis Kan cayó sobre Persia como un torbellino inesperado, y mientras llegaba la horda de su padre, los mongoles no permanecieron inactivos.

Como había ríos impetuosos que cruzar, ataban los caballos uno con otro y arrastrando la corriente pasaban al otro lado, pero en las cumbres de las montañas todo estaba cubierto por espesas capas de nieve, que impedían el paso.

Tuvieron que atravesar estrechos desfiladeros y lagos helados. El ganado moría sin poder resistir aquellas bajas temperaturas, y los guerreros se lo comían pues ya no tenían provisiones. Fueron arrastrados por el viento y sufrieron tempestades a las que no estaban acostumbrados. El frío helaba las venas de los animales y congelaba las patas de los caballos. Para protegerlos envolvían sus cascos con pieles de los "yacks" que morían.

Las reservas de alimento para los caballos se habían acabado, y éstos desenterraban con las patas el musgo y la hierba seca que había bajo la nieve.

Rodeados de montañas de siete mil metros de altura, tuvieron que sufrir espantosas tempestades de nieve. Pero a pesar de aquel frío cruel de la alta Asia, los mongoles seguían avanzando sin desmayo. Cuando no tenían qué comer, abrían las venas de sus caballos y bebían cierta cantidad de sangre, y luego cerraban la herida.

El largo camino quedaba bordeado de cadáveres de mogoles muertos de frío. Las fatigas y privaciones eran incontables. Pero ellos seguían avanzando.

Por fin las tropas de Jutchi llegaron a un valle verde y florido en que hacía tiempo que la primavera sonreía. Pero tan pronto como los mongoles aparecieron en la llanura, se presentó Mohamed al frente de sus tropas y se enfrentó a ellos en un estrecho valle.

Con gran estruendo de timbales y sonar de trompetas, las tropas de Mohamed atacaron a los mongoles. Sin embargo, la caballería de Jutchi maniobrando de manera sorprendente, se metió entre las filas de Mohamed y en su primer ataque destrozó las líneas de los persas.

El propio Sha en persona estuvo cerca de las flechas de los mongoles, y al verse en peligro de caer en sus manos huyó al galope de su corcel fuera del campo, salvándose gracias a un valeroso contraataque de su hijo Jelal-ed-Din, que rechazó a los mongoles. Fue entonces Jutchi quien estuvo a punto de caer prisionero, pero el sacrificio de uno de sus capitanes lo salvó.

La batalla continuó hasta el anochecer, sin que la victoria se decidiera por ninguno de los dos bandos.

Jutchi y sus hombres abandonaron el campo de batalla y se retiraron a las cercanías, tras una montaña.

Mohamed dio orden a sus soldados de que todo fuera quemado, y momentos después grandes hogueras iluminaban la noche.

Entonces Jutchi recurrió a una de las estratagemas tan peculiares en su padre Gengis Kan. Mientras las tropas del Sha se dedicaban a enterrar a los muertos en el campo de batalla, cayó sobre ellos inesperadamente y los destrozó. Miles de hombres perecieron y muchos más cayeron prisioneros. El Sha Mohamed y su hijo Jelal-ed-Din lograron huir.

De inmediato, Jutchi informó a su padre del resultado de la batalla por medio de sus "flechas". Estos hombres, sin miedo al frío ni a las penalidades, con la cabeza vendada para que el frío no les helara, cabalgaban noche y día sin detener su carrera hasta llegar a su destino.

Al conocer Gengis Kan las noticias que su hijo le mandaba, le transmitió este mensaje:

"Te felicito, hijo mío. Sigue avanzando hacia el Sur".

Al día siguiente reunió Gengis Kan sus tropas y se lanzó al frente de ellas hacia las tierras del Sha Mohamed. Iba decidido a conseguir la victoria.

En aquella época no había otro ejército que pudiera enfrentarse al de Gengis Kan. Todo había sido previsto y todas las medidas habían sido tomadas para darle la mayor combatividad y eficiencia. Toda la ciencia de aquel tiempo había sido aplicada sistemáticamente para mejorar las condiciones del ejército mongol.

Muchos artesanos y técnicos seguían a las huestes mogolas como valiosos auxiliares.

Además de sus provisiones de carne seca y leche agria, cada soldado llevaba todo aquello que le pudiera ser útil en la guerra. Junto a la aguja con hilo para coser sus pieles, cada guerrero llevaba la lima para afilar sus flechas y una camisa de seda cruda para protegerse de los flechazos enemigos, ya que éstos no desgarraban el tejido y con un tirón sacaban de la herida la tela con la punta rota de la flecha.

A cada jinete le estaban asignados dos o tres caballos de reserva, que eran sucesivamente utilizados a medida que los que cabalgaban se fatigaban o caían.

Las armas estaban igualmente estudiadas, y además del imprescindible sable curvo que llevaban al costado, colgaba de sus hombros el arco y las flechas, y en el arzón arrollado el lazo, que los mongoles manejaban con extraordinaria maestría.

En el momento de entrar en combate empleaban también la jabalina y una lanza larga, en cuyo extremo tenía un gancho para agarrar al enemigo y derribarlo del caballo.

A la caballería acompañaba un fuerte y numeroso cuerpo de artillería, cuyas piezas, desmontadas, eran transportadas en grandes carros tirados por bueyes o a lomos de los "yacks", hasta el lugar en que eran empleadas.

Tan bien había organizado Gengis Kan su ejército, que personas especializadas cuidaban de que cada parte respondiera en el momento preciso, siendo responsables con la vida de los descuidos y negligencias que hubiera.

La mayoría de estos especialistas eran chinos traídos de Catay, para adiestrar y servir a los mogoles.

Mientras unos construían máquinas de guerra de todas las clases, otros hacían puentes sobre los ríos que las tropas tenían que atravesar, o desviaban su curso para provocar inundaciones.

Aparte de los encargados del armamento y útiles de las tropas, había otros que se preocupaban de preparar los lugares para acampar y de recoger las tiendas cuando las tropas se ponían en marcha hacia otras partes. Tan organizado estaba todo, que hasta había unos oficiales encargados de repartir equitativamente el botín que se obtenía en los combates.

Hasta hoy llama la atención, y en algunos casos sirve de modelo, la organización y el minucioso cuidado de los ejércitos de Gengis Kan.

*

Chepé-Noyon había salido con varios miles de hombres para reforzar a Jutchi, que andaba por tierras de Persia.

Entonces Gengis Kan dividió su ejército en varias secciones, encomendando una de ellas a su hijo Chagatai y otra al prudente y sabio Ugodei, quienes al frente de sus huestes emprendieron la marcha.

Tuli, el cuarto hijo, se quedó al lado de su padre, al que acompañaba también su Estado Mayor, y gran número de técnicos y consejeros. Entre ellos figuraba el sabio mago y astrólogo chino, Yeliu-Chutsai.

Este hombre, que llegó un día a Karakorum junto a un grupo de prisioneros, se ganó la confianza de Gengis Kan por su sinceridad y sabiduría, y desde aquel día lo tuvo a su lado como consejero y amigo.

Como sus consejos eran inteligentes y prácticos, no pasaba día sin que Gengis Kan solicitara su opinión. Y aquel favor especial que el Kan le concedía hacía morir de envidia a sus enemigos. Por eso al verlo partir con la expedición que iba a luchar contra el Sha, algunos protestaron:

—¿Qué hará en la guerra un hombre como él?

—¿Qué opinas tú de eso? —le preguntó con ironía Gengis Kan.

Y el sabio chino le respondió sonriendo:

—Unos tienen el valor de conquistar los países y otros tienen el arte de saber gobernarlos. ¿No te parece?

Gengis Kan asintió con la cabeza sin contestar palabra.

Los murmuradores y enemigos de Yeliu-Chutsai se callaron avergonzados, y éste se unió al cortejo del jefe mongol.

El ejército se puso en marcha, y muy pronto, desde las nevadas cimas de las montañas que atravesaban, avistaron los fértiles campos del Islam en los que gobernaba el Sha Mohamed.

Hombres y caballos estaban hambrientos, y allá abajo se veía apacentar tranquilamente el ganado.

*

Mohamed había mandado muchos espías a tierras mongolas para tener una información exacta de este pueblo, hasta entonces desconocido o considerado como de nómadas y miserables.

Pero sus emisarios le trajeron estas noticias:

"Su ejército es tan numeroso como las hormigas y las langostas. Sus guerreros son valientes como leones. La fatiga y las privaciones de la guerra no les afectan en nada.

"Ignoran el descanso y la tregua; no huyen ni se retiran. Cuando levantan el campo, se llevan todo cuanto puede serles útil.

"Se contentan con carne seca y leche agria; no se preocupan de las carnes que son permitidas o prohibidas, sino que, por el contrario, comen de todos los animales, incluso perros y cerdos.

"Abren las venas de sus monturas y beben la sangre; sus caballos no necesitan paja ni avena, escarban la nieve con las patas y comen la hierba que hay debajo o escarban la tierra y se contentan con las raíces de las plantas.

"Cuando salen victoriosos no dejan a nadie con vida; viejos y jóvenes son condenados.

"Ninguna montaña ni río los detiene. Atraviesan cualquier desfiladero; pasan los ríos nadando, cogidos a las colas o a las crines de sus caballos..."

Cuando el Sha Mohamed oyó esta terrible información, a pesar de contar con un numeroso ejército, no quiso hacer frente a Gengis Kan en campo abierto y decidió refugiarse en dos ciudades: Bukhara y Samarcanda.

En la primera dejó cuarenta mil hombres, y en la segunda treinta mil, con la orden de defenderlas contra los invasores.

Mohamed y su hijo huyeron hasta los últimos confines de su imperio, para reunir nuevos ejércitos y oponerlos a los mongoles. El resto del país quedó abandonado a Gengis Kan.

De no haber huido el Sha y su hijo hacia su país de origen en la Corasmia, hubieran quedado encerrados como en una ratonera entre los diversos ejércitos de Gengis Kan, que avanzaban por todos los puntos cardinales.

Sin tomarse un descanso, las tropas de Gengis Kan se presentaron ante Otrar, la ciudad donde el gobernador Inaljuk mandó matar a los mercaderes mongoles. Sabiendo que no podía esperar piedad de Gengis Kan, agotó sus recursos y resistió cinco meses el duro asedio. Los defensores de la ciudad, cuando se les acabaron las flechas arrojaron piedras y cuantas cosas encontraban a la mano.

Finalmente los mongoles entraron en la plaza y apresaron vivo al gobernador. Lo llevaron ante Gengis Kan, y éste, después de culparlo de aquella guerra, ordenó que lo ejecutaran.

Las murallas de Otrar fueron derribadas, y sus defensores, excepto los hombres y mujeres fuertes, fueron exterminados.

Gengis Kan prosiguió su marcha aniquilando todo lo que se oponía a su avance. Los habitantes de las ciudades y poblaciones eran evacuados y las viviendas saqueadas e incendiadas.

Los cautivos eran clasificados: las personas fuertes eran empleadas en el asedio de la próxima ciudad; los artesanos y quienes tenían una especialidad en hacer trabajos para los invasores, eran separados; los niños, enviados a Karakorum como esclavos, y los demás, ejecutados o abandonados a su suerte.

Las cosechas y el ganado pasaban a manos de los mogoles, y sólo cuando los del país no oponían resistencia, era respetada su vida y sus propiedades.

Sin detenerse para nada, como si fuera un inmenso ciclón o un devastador incendio, Gengis Kan se precipitó sobre la ciudad de Bukhara, entre cuya guarnición cundía el pánico más horroroso. Esta hermosa ciudad, que era uno de los centros de cultura más importantes del país, se hallaba defendida por los cuarenta mil hombres que había dejado el Sha Mohamed en su huida y por espesas murallas y fosos profundos.

Como nadie esperaba a semejante enemigo, la ciudad no se hallaba preparada para un largo asedio, y muy pronto empezaron a escasear los víveres, y el hambre y la peste hicieron su aparición.

Una noche, los soldados del Sha, aprovechando que había una puerta sin vigilancia, decidieron dejar la ciudad y abandonar a los habitantes a su suerte. Los mongoles los vieron y les permitieron alejarse. Ésta era una de sus tretas preferidas. Después cayeron sobre ellos y mataron a todos.

Los habitantes de Bukhara abrieron las puertas de la ciudad, y una avalancha de jinetes mongoles llenó las anchas calles, saqueando graneros y casas.

Los invasores alojaron a sus caballos en las bibliotecas, con gran terror de los mahometanos, que veían las hojas del Corán arrojadas al suelo y pisoteadas por los cascos de las bestias.

Gengis Kan, acompañado de su hijo Tuli, detuvo su caballo ante un magnífico edificio ricamente adornado.

—¿De quién es este palacio? — preguntó interesado.

—Es la residencia de Alá —le respondieron respetuosos.

Enseguida, Gengis Kan hizo subir a su caballo los peldaños de la mesquita, y al entrar en el templo desmontó y ascendiendo a la mesa del recitador del Corán, le dijo:

—Mis hombres y mis caballos tienen hambre. ¡Espero que les den de comer!

Luego, ordenó a los ricos de la ciudad que les entregaran sus riquezas y les prometió respetar sus vidas.

—¿Quién será este hombre? —se preguntaban asustados los habitantes de la ciudad.

—¡Silencio! —exclamaban los mahometanos. Es la cólera de Dios, que cae sobre nosotros.

Al enterarse Gengis Kan de lo que decían, les dijo con voz amenazadora:

—¡Yo soy su azote! El encargado por su Dios para castigar a los pecadores.

Los ricos de Bukhara entregaron todos sus tesoros. Luego, los conquistadores, sentados en palacios y mezquitas, contemplaron con las copas llenas de vino, los espectáculos y danzas de los habitantes de la ciudad.

Al día siguiente, los mongoles acabaron de reunir todas las riquezas de la ciudad. Algunas partes de la ciudad fueron incendiadas, y las llamas se extendieron por los demás edificios, elevándose sobre Bukhara una nube de humo que ocultaba la luz del sol.

Los cautivos fueron llevados hacia Samarcanda, y como no podían seguir el paso de los caballos mongoles, padecieron terriblemente durante la marcha.

Un cronista mahometano escribió luego:

"Aquel fue un día terrible. Sólo se oía el llanto de los hombres, de las mujeres y de los niños, que eran separados para siempre..."

*

Gengis Kan dejó la devastada ciudad de Bukhara y con la mayor parte de su ejército marchó hacia Samarcanda, en espera de encontrar al Sha Mohamed para darle la batalla definitiva.

Samarcanda, la bella ciudad, residencia del Sha y centro del mundo islámico oriental, en la que vivían más de quinientas mil personas y se guarnecían más de cien mil soldados, estaba amenazada por las victoriosas hordas de Gengis Kan.

Los nobles se escondían atemorizados en sus palacios, y los pobladores, desde los torreones de la fortaleza más importante del reino, veían asustados el incontenible avance de los mongoles.

Dos días le costó a Gengis Kan recorrer a caballo el perímetro que circundaba a la ciudad. Al contemplar aquellas sólidas murallas, los profundos fosos, los altos torreones y las formidables puertas de hierro, se acordó de Pekín y de los repetidos e inútiles esfuerzos para conquistarla.

—Necesitarán muchos años los mongoles para tomar Samarcanda —dijo uno de los prisioneros, que conocía bien la ciudad.

Al enterarse Gengis Kan de este comentario, exclamó con desprecio:

—¡La fortaleza de los muros de una ciudad, depende del valor de sus defensores!

Aquel día fue hecho prisionero uno que trataba de evadirse de la ciudad, y fue llevado a presencia del Kan de los mongoles.

—¿Qué hace el Sha? —le preguntó Gengis Kan con interés.

—Mohamed ya no está en la ciudad. Se fue con su hijo hace varios días —le respondió el prisionero.

Aquella noticia llenó de indignación al Kan e inmediatamente ordenó:

—¡Que vengan Chepé-Noyon y mi yerno Yaguchar!

Y mientras éstos se presentaban, exclamó:

—¡Ya no me interesa conquistar Samarcanda!

Cuando llegaron a su presencia los que había llamado, les dijo:

—Salgan inmediatamente en persecución del Sha Mohamed.

Y a continuación añadió:

—Necesito que lo capturen vivo o muerto. Persíganlo por todos sus dominios hasta encontrarlo, ¿entendido?

—¡De acuerdo! —le contestaron.

Y al momento de salir de la tienda los dos generales, aún les recomendó:

—Los que se sometan, perdónenlos; pero los que se opongan o se resistan, destrúyanlos y arrásenlos.

Y unos momentos después, treinta mil hombres salieron en persecución del Sha Mohamed.

El reino del Sha era inmenso y se extendia miles de kilómetros hacia el Oeste y el Sur. Sus hombres y caballos se contaban por millones y las ciudades como Bukhara y Samarcanda por docenas.

Gengis Kan decía a sus generales:

—Lo primero que debemos hacer es asustar al Sha para que sólo piense en salvarse, luego tenemos que atraernos a los pueblos que le obedecen a la fuerza.

Después les ordenó:

—Perdonen a todos los pueblos que se entreguen. ¡No lo olviden!

Por eso cuando Gengis Kan se enteró de que su yerno Taguchar había desobedecido sus órdenes, saqueando una ciudad que se había entregado a Chepé-Noyon, lleno de indignación ordenó ejecutarlo.

Pero al interceder sus propios hijos se calmó su furia. Entonces le mandó a un simple guerrero mongol para destituirlo de general del ejército y reducirlo a vulgar soldado raso, obligado a servir en el mismo cuerpo que había mandado y que pasó a mandar Sabutai.

Era tanto el respeto que todos tenían a Gengis Kan, y tan grande la disciplina que existía en sus ejércitos, que su yerno obedeció sin replicar, y como un simple guerrero murió poco después, valientemente, durante el asalto a una fortaleza enemiga.

*

La ciudad de Samarcanda, considerada como inexpugnable, al tercer día de asedio cayó en poder de Gengis Kan. Igual que había ocurrido en Bukhara sucedió en Samarcanda. Los mahometanos, al ver aquella multitud de cautivos ante las murallas se aterrorizaron y decidieron rendirse. La guarnición turca se opuso a ello, aunque más tarde treinta mil de ellos, traicionando a los habitantes de la ciudad, se pasaron a los mongoles, a cambio de sus vidas y haciendas.

Fue entonces cuando la población abrió las puertas de la ciudad a los mongoles, y Gengis Kan al frente de sus huestes entró en la hermosa Samarcanda.

Cincuenta mil familias se salvaron del castigo por haber podido demostrar que desde un principio no quisieron luchar contra los mongoles. Varios miles de artesanos y especialistas fueron distribuidos entre los ejércitos de los hijos de Gengis Kan. De los demás prisioneros, los más jóvenes fueron apartados para trabajar en los campos o servir en el ejército, los restantes fueron ejecutados.

Cuando uno de sus generales le preguntó a Gengis Kan qué hacían con los treinta mil que se entregaron, el jefe de los mongoles se quedó unos instantes pensativo y luego ordenó enfadado:

—¡Qué los ejecuten a todos por traidores!

Eran tantos los prisioneros que tenían los mongoles, que un día Gengis Kan mandó a sus hombres que los marcaran con hierro candente igual que a los caballos. Y todos los cautivos de Bukhara y Samarcanda fueron marcados al fuego.

La caída de Samarcanda significaba el fin del imperio del Sha. Sin embargo, Mohamed y su hijo habían escapado y tras ellos iban los mongoles en la marcha de caballería más impresionante y extraordinaria de todos los tiempos.

Gengis Kan sabía que si se le daba tregua al Sha, podría constituir ejércitos poderosos que serían una amenaza para sus planes de conquista.

Y Chepé-Noyon y Sabutai iban tras su presa, acosándolo y sin darle tregua ni reposo. Como verdaderos sabuesos recorrían todos los días unos ciento veinte kilómetros, reventando caballos, sin detenerse un solo instante, en una carrera alucinante. Y así lo persiguieron por toda Persia, cruzaron Bagdad y subieron hacia el mar Caspio.

Mohamed huía desesperadamente de ciudad en ciudad sin encontrar reposo. No podía detenerse para organizar un ejército, porque sus perseguidores lo hubieran alcanzado. Luego se internó en los montes de Armenia.

Sus perseguidores llegaron al mar Negro y cruzaron el Cáucaso. Por allí perdieron el rastro del fugitivo. En pequeñas patrullas recorrieron el país, y una de ellas, al ver un día que un jinete huía sin hacer caso a sus intimidaciones, le dispararon flechas y una de ellas alcanzó al que escapaba, salvándose gracias a su caballo.

Más tarde descubrieron que era el Sha, que intentaba ganar el mar Caspio. Sabutai se lanzó como un sabueso tras él y siguiendo sus huellas, al llegar a la costa, sólo pudo alcanzar a ver la vela de una pequeña nave en la que se iba para siempre el fugitivo Mohamed.

Y refugiado en una de las pequeñas y deshabitadas islas cercanas a Crimea, abandonado y lleno de desesperación, pobre y derrotado, murió el Sha Ala-ed-Din Mohamed, gran conquistador y uno de los príncipes más poderosos de aquellos tiempos.

A pesar de hallarse a más de tres mil kilómetros de distancia, la noticia fue transmitida a Gengis Kan por medio de "flechas" con un informe detallado de lo sucedido.

Su fiel Chepé-Noyon, con la muerte del Sha, prestaría el último servicio a Gengis Kan, porque poco después moría en un combate en brazos del bravo Sabutai.

Éste, sin embargo, después de descansar aquel invierno en las orillas del mar Caspio, siguió avanzando, y poco después tomaba Kiev. Pero cuando se asomaba ya a Europa, recibió una orden de su Kan que lo obligó a volver hacia el cuartel general de los mongoles.

En menos de dos años al frente de su ejército, había cruzado desde Samarcanda hasta el Báltico. Tal fue la hazaña del valeroso y fiel Sabutai.

Mientras tanto, Gengis Kan, que pareció de pronto satisfecho, no tardó en estar preocupado de nuevo.

Al ser interrogado por sus hijos, les respondió:

—El Sha ha muerto. Pero, ¿y su hijo?

Y luego añadió:

—Necesito que lo busquen. Es tan peligroso para nosotros como su padre.

Al día siguiente, Jutchi y Chatagai salieron en persecución de Jelal-el-Din, hijo del fallecido Mohamed.

A marchas forzadas subieron hasta el mar de Aral y rápidamente conquistaron el país. En distintos lugares tomaron varias ciudades. Sin embargo, no encontraron a Jelal-el-Din.

Al ver que a pesar de sus esfuerzos no lograban dar con el hijo del Sha, los hijos de Gengis Kan regresaron descontentos al lado de su padre y le dijeron que tal vez había muerto, pero Gengis Kan no lo creía así.

Capítulo 9

El gobierno de Gengis Kan

En varias partes del mundo se supo de la despiadada persecución del Sha. Los cruzados cristianos que se hallaban en Damieta, tuvieron noticia de ella y lo celebraron, pues el Sha era otro enemigo infiel.

Con rumores falsos, pocos hechos verídicos y con una aureola de leyenda, se esparció por Europa la noticia de que un paladín cristiano descendiente del Preste Juan, luchaba contra el Islam y se proponía la conquista de Jerusalén.

Hasta el Papa llegaron epístolas llenas de datos, que hacían referencia a las andanzas y virtudes del descendiente del Preste Juan. Y a tanto llegó la credulidad de las personas, que fueron enviados embajadores a la corte de los mongoles, en demanda de sumisión.

Sólo más tarde, después de la muerte de Gengis Kan, cuando los mongoles rondaban por las orillas del Danubio, reconocieron su error...

*

Se ha hablado mucho de la crueldad de Gengis Kan, pero resulta muy aventurado tratar de juzgarlo a la ligera. Es necesario analizar los hechos.

Es verdad que para él la vida humana carecía de valor y la destruía si la consideraba perjudicial. Esto lo hacía por razones de orden militar, en su deseo de tomar un desquite o de atemorizar. No era cruel por gusto. Tan sólo empleaba métodos que había hecho indispensables para llevar a buen fin sus campañas guerreras. Por lo demás, eran muy comunes en aquella época estos procedimientos, y fueron mucho peores siglos después.

Sin embargo, en muchos casos, no dudaba en perdonar a un enemigo personal, e incluso ponerlo a su servicio como hombre de confianza.

En el célebre combate contra Targutai, Gengis Kan fue herido en el cuello por una flecha. Y cuando se dirigía hacia el "ordu" al frente de sus huestes, llegó al galope un jinete y echándose a sus pies le dijo:

—Yo soy quien en la lucha te hice esa herida con una de mis flechas. Puedes castigarme, pero si me perdonas y me permites que te sirva, no tendrás jamás queja de mí. ¡Te lo prometo!

Gengis Kan observó fijamente a aquel joven que tan valientemente le hablaba. Los demás mongoles esperaban la orden para dar muerte al que había derramado la sangre de su jefe. Pero Gengis Kan no dio la orden, sino que, por el contrario, dirigiéndose al joven le ordenó:

—Levántate. Desde hoy serás mi compañero y te llamarás Chepé, o sea "Flecha".

Luego le ordenó que eligiera nueve hombres y que como cabo se pusiera al frente de ellos.

Este joven cabo fue más tarde el famoso Chepé-Noyon, o "Príncipe Flecha", que fue el primero en entrar en Catay, el que destruyó el imperio de Kara-Chitan, atravesando luego Pamir; arrolló a los persas, halló el cadáver del Sha Mohamed y, después de cruzar el Cáucaso, aniquiló a los príncipes rusos. Gengis Kan llegó a quererlo como si fuera uno de sus hijos. Por eso a su muerte sintió mucho su pérdida.

Durante toda su vida, Gengis Kan premió la fidelidad, el valor y la franqueza, aun del propio enemigo, y jamás se equivocó en la concesión de sus favores ni en la elección de sus compañeros y amigos. Por otra parte, era generoso y le agradaba regalar cosas valiosas, y la mayoría de las veces renunciaba a su parte del botín.

En sus primeros tiempos les decía a sus seguidores:

—Si el cielo me protege y me ayuda, los colmaré de honores y serán mis leales y felices compañeros.

Y cuando luego alcanzó los máximos honores, no se olvidó de los que le habían servido con fidelidad en los momentos difíciles.

A Gengis Kan le gustaba ser obedecido en todo aquello que ordenaba. Era un jefe duro, sereno y justiciero, y no toleraba que nadie, ni sus propios hijos, desobedecieran sus órdenes.

"En la victoria, persigan denodadamente al enemigo y no se entretengan en el pillaje —ordenaba—. Después de la batalla, el botín será dividido en partes equitativas".

Varios de sus parientes, que poco antes lo habían elegido como Kan, lo desobedecieron, y no vaciló en quitarles lo que habían robado y luego los despidió de su ejército.

También su yerno no cumplió sus órdenes cuando iba en persecución del Sha, y es sabido el castigo que le dio.

Gengis Kan consideraba que la indisciplina podía ser la causa del desmembramiento de su imperio, por eso no reparaba en nada ni nadie para mantenerla. En esto era inflexible y, como nadie lo ignoraba, sus órdenes se cumplían aun a costa del mayor sacrificio.

Tanto su madre Oullon-Eke, como su esposa Bourtai, tuvieron mucha influencia en la vida de Gengis Kan. Gracias al tesón y la entereza de la primera, el gran conquistador se pudo mantener como Kan de los mongoles y salir de intrigas que lo amenazaron.

Aún recordaba aquel día en que, al dirigirse hacia el "ordu" de Wang Kan, su madre le advirtió:

—No vayas, hijo. Te preparan una emboscada para matarte.

Y cuando el joven Kan se rió de sus temores, ella añadió con voz triste :

—Recuerda lo que hicieron con tu padre.

Después de su victoria sobre las tropas de Wang Kan, el jefe mongol comprobó que las aprensiones de su madre no eran infundadas, ya que de haber acudido a la invitación lo hubieran asesinado.

También su esposa Bourtai le sirvió de mucho con sus consejos y alientos, sobre todo en los momentos de desgracia. Como si estuviera dotada de un sentido especial, le advertía de los peligros y conjuras en contra de él, y gracias a estos avisos pudo estar en guardia y vencer a sus adversarios. Ella le recordaba los compromisos adquiridos y el momento de cumplirlos. Y con frecuencia le recordaba incluso aquellas cosas insignificantes, pero que servían para dar mayor autoridad y grandeza al Kan de los mongoles.

—¿Has entregado el regalo que prometiste a tu amigo Bogutchi? —le dijo un día.

Y al darse cuenta Gengis Kan de aquel olvido, corrió a la tienda de su amigo y, abrazándolo, le mostró su afecto.

Como dos atentos vigilantes, la madre y la esposa de Gengis Kan velaban en la sombra por la vida y la gloria del que tanto amaban.

*

Gengis Kan deseaba gobernar de acuerdo con leyes fijas, que aseguraran la tranquilidad y buen funcionamiento de las tierras conquistadas. Quería elaborar una "Yassa" o código, que sirviera para todos sus sucesores.

Muy pronto empezó a redactar este código de leyes por el que se había de regir el pueblo mongol, y que era conocido con el nombre de "Yassa".

—Hasta ahora no había en la estepa orden alguno —decía Gengis Kan—. Los hijos no escuchaban las enseñanzas de los padres, el hermano menor no obedecía al mayor, el hombre no confiaba en la mujer y la mujer no cumplía las órdenes del marido. Los subordinados no respetaban a sus superiores y éstos no cumplían con sus subordinados. En ninguna parte había satisfacción.

El jefe mongol estaba sentado en su trono junto a su esposa Bourtai. Escuchándolo se hallaban todos los príncipes, nobles y generales del imperio.

—El pueblo mongol —siguió diciendo Gengis Kan—, tenaz y valiente, sin preocuparse de sufrimientos y peligros, me ha sido fiel hasta en los momentos más difíciles, permitiéndome alcanzar el objeto de mis afanes. Él es el más alto de todos los que se mueven sobre la tierra.

El orgullo nacional había despertado en el alma dormida de aquel pueblo nómada, y todos se sentían orgullosos de ser súbditos de Gengis Kan.

—Ningún mongol —continuó éste— podrá ser tratado como siervo, y su único deber consistirá en servir con las armas para defender los intereses de su pueblo. A mis fieles generales —siguió Gengis Kan—, he de recomendar que permanezcan unidos como los dedos de la mano, y que sean, en el momento del ataque, como halcones arrojándose sobre su presa; como roca inconmovible sobre la que se estrellen todos los enemigos del pueblo mongol.

Luego, haciendo un descanso, siguió diciendo:

—Estando ustedes, yo ya no necesito encargarme de cada acción guerrera. Pero lo que sí quiero hacerles saber, es que aquel que desobedezca mis órdenes o no acuda a mi llamamiento, será como una piedra que cae en el abismo. ¡Desaparecerá!

Kutuku, el que siendo niño había sido adoptado por Gengis Kan y criado por su esposa Bourtai junto a sus hijos, se hallaba también presente en la asamblea.

Gengis Kan, dirigiéndose a él, le dijo:

—A ti te encargo de juzgar y castigar el engaño y el robo, y todas las demás faltas contra las leyes que serán redactadas en mi "Yassa", y nadie podrá oponerse a lo que decidas.

Y antes de que éste pudiera responder, añadió:

—Pero no olvides que deberás escribir en tablas todas tus decisiones, para que tus sucesores no las desvirtúen.

La asamblea continuó hasta que Gengis Kan dejó establecidas las leyes principales sobre las que se basaría su imperio. Y éstas se grabaron sobre tablas de hierro, de las que tan sólo se conservan algunos fragmentos.

Como dos piedras angulares quedaron en la jurisprudencia mongola los puntos básicos sobre los que juzgaba y sentenciaba Kutuku. Ningún testimonio arrancado por la fuerza era válido, y tan sólo se declaraba culpable a un mongol cuando éste era agarrado *in fraganti* o confesaba espontáneamente su delito.

A tal punto llegó a imponer las leyes de la "Yassa", que pronto desapareció entre los mongoles el asesinato, el robo y otros delitos, llegando tan alto el sentimiento del honor, que nadie negaba sus culpas e incluso muchos acudían espontáneamente al juez para confesar sus faltas y pedir el castigo merecido de acuerdo con la ley.

Como Gengis Kan sabía lo que afectaba a un nómada perder sus caballos o sus "yacks", estableció la pena de muerte para los que robaran estos animales. Y tan hondamente arraigó esto, que todavía en las regiones de Mongolia se conserva la costumbre de no dar de beber a ningún animal, para que éste acuda al dueño legítimo al tener sed.

La remuneración por el trabajo o servicio prestado, estaba prohibida entre los mongoles, y éstos debían entregar la décima parte de sus beneficios al Kan.

A la mujer se le concedieron derechos y libertades desconocidas hasta entonces en los demás países asiáticos, tales como cambiar o vender a su capricho y disponer de su posesión con entera libertad. Su mayor deber era cuidar de los hijos y procurar la elevación y el contento del marido.

Se prohibió ensuciar el agua de las fuentes, no permitiendo que los animales bebieran directamente de los pozos. A los infractores se les imponían penas importantes, para evitar que el viajero sediento bebiera aguas sucias.

*

Gengis Kan era avaro de la vida de sus mongoles y colmaba de regalos y honores a los que en las batallas evitaban la pérdida de hombres y caballos. Por esto, satisfecho de ver que su hijo mayor, Jutchi, regresaba vencedor de su campaña contra los merkitas sin haber tenido muchas bajas, no sólo le preparó una gran recepción, sino que le dijo:

—Estoy contento de ti Jutchi, y quiero que tengas una vida independiente.

—Sólo he cumplido con mi deber, padre —le dijo éste.

Pero Gengis Kan le interrumpió, diciendo:

—Eres mi promogénito y quiero premiar el que la primera vez que has ido a la guerra solo, has sometido muchos pueblos, sin que el ejército haya sufrido grandes bajas.

Y dándole cariñosas palmadas en la espalda, exclamó:

—¡Esos pueblos que has conquistado, te los regalo!

Al oír aquellas palabras el joven Jutchi, emocionado, no acertó más que a besar la mano de su padre.

—Mucho menos que eso que te doy, tenía yo a tu edad —dijo Gengis Kan, riendo.

Y al ver a su hijo mudo e inmóvil, añadió:

—¡Anda, vete! ¡Ahora ya eres dueño de un reino!

Gengis Kan, con este regalo que acababa de hacer a su hijo, creó una dinastía.

*

Jutchi se entregó con mucho entusiasmo a la fundación del nuevo reino de Kipchak, en el Oeste, conocido más tarde con el nombre de "Imperio de la Horda de Oro".

Los príncipes rusos reinaron gracias al favor que les dispensaron los Kanes descendientes de Jutchi, y durante siglos acudieron sumisos a esta corte para recibir los títulos que les autorizaban a gobernar, y al mismo tiempo a jurar fidelidad al Kan, haciéndole entrega de los tributos.

Los mongoles diferenciaban los cuatro puntos cardinales mediante colores. El blanco correspondía al Oeste. Por el titulo de "Zar Blanco" que durante muchos años tuvo el zar ruso, queda demostrado que se le consideraba dependiente del imperio del Oeste. El color negro era para el Norte, el rojo para el Sur y el azul para el Este. Más tarde se añadió el violeta para el Centro, que era el que se había reservado el Kan de los mongoles.

Ondeando al viento los estandartes de estos cinco colores con el halcón bordado en ellos, los mongoles recorrieron victoriosos todos los puntos de la rosa de los vientos.

Señalaron su paso las ciudades arrasadas, los pueblo diezmados, las tierras calcinadas; pero también, tras ellos, vinieron los cambios de comercio, de personas, el intercambio de ideas nuevas sobre la guerra y la paz.

*

Gengis Kan de pronto se sintió cansado. La dura campaña y el largo viaje a través de las altas y nevadas montañas, lo habían fatigado. Entonces se dio cuenta de que ya no era joven. Por eso prefirió tomar un descanso en Samarcanda y enviar a sus hijos y generales a combatir a los enemigos.

Pero muy pronto vio que aquella inactividad le aburría. Y esta vez con mayor intensidad, porque ahora no tenía el consuelo de planear campañas futuras. Esto agrió su carácter y lo hizo irritable y malhumorado.

También se daba cuenta de que aquella inactividad causaba muchos perjuicios a los mongoles, quienes abandonando su vida ruda y nómada, se habían rodeado de lujos y se entregaban a todos los vicios. Al no tener ninguna ocupación que los distrajera, las intrigas, envidias y rencillas hicieron su aparición en el campamento, y cada día se producían discordias por los motivos más insignificantes.

Todo aquello preocupaba mucho a Gengis Kan, y sólo pensaba en la manera de acabar con aquella situación.

El inmenso campamento mongol se extendía entre verdes prados y ricos vergeles, abarcando una gran cantidad de kilómetros. El campamento del Kan ocupaba las mejores tierras entre Bukhara y Samarcanda, y en él vivían las personas más diversas, separadas por razas y tribus.

La única ocupación de los mongoles era domar potros y adiestrar a los cautivos, para servir de fuerzas de choque en futuras campañas guerreras.

A los técnicos y especialistas, se les veía entregados a la fabricación de nuevas máquinas de guerra, que cada vez iban superando a todo lo hasta entonces conocido.

Las nuevas catapultas y arietes, construidos bajo la dirección de ingenieros y especialistas cautivos, eran probados en cuanto se construían, y si Ugodei, que había sido nombrado jefe de artillería, daba el visto bueno ante los resultados obtenidos, estas armas se empezaban a fabricar en la cantidad necesaria para proveer a los distintos ejércitos.

Los cruzados cristianos habían huido aterrorizados ante el arma terrible con que los mahometanos los habían atacado. Era la nafta encendida, que desde lejos era arrojada sobre el enemigo, y éste, al ver aquella lluvia de fuego, huía espantado.

Esta arma ofensiva la conocían los mongoles por haberla aprendido de los chinos, y hacían uso de ella con una maestría sin igual. Cuando los mongoles llegaron a Europa, fue cuando enseñaron su uso a los occidentales.

Aparte de esto, Gengis Kan veía que todos parecían vivir tan sólo para su propia satisfacción y entregados a sus vicios. Esto lo entristecía, y no encontraba la manera de acabar con aquella situación.

Sus propios hijos, rodeados de lujos, no hacían más que emborracharse y llevar una vida de placeres y disipación. Y como Gengis Kan era tan austero, todo aquello le indignaba.

Tan sólo su amigo y consejero Yeliu-Chutsai escuchaba sus temores y lamentaciones. Gengis Kan se quejaba amargamente de aquel proceder de sus hijos y de sus mongoles.

Un día le preguntó:

—¿Crees, Yeliu-Chutsai, que mis sucesores se acordarán de mí?

El consejero chino sonrió tristemente y moviendo la cabeza le contestó:

—Aunque así sea, no sabrán agradecer lo que les legaste.

Gengis Kan observaba que sus hijos, ya terminadas sus campañas, sólo pensaban en divertirse y en hartarse de aquella bebida de uva que tanto les gustaba. Ésta fue la razón de que un día riñera a su primogénito Jutchi, a su vuelta del mar de Aral.

—No debes llevar esa vida, hijo mío —le dijo.

Aquel reproche no le sentó bien al heredero de Gengis Kan, que ensoberbecido replicó a su padre:

—Ya soy mayor y sé lo que debo hacer.

Aquella contestación indignó al jefe mongol, lo que hizo que entre padre e hijo se suscitara una violenta escena. Al ver Gengis Kan tal indisciplina, expulsó a su hijo de la horda, y éste, seguido de sus hombres, se dirigió de nuevo hacia el Aral, estableciéndose lejos de su padre.

*

Gengis Kan cumplió sesenta años, y a pesar de que le seguía gustando la lucha y la caza, cada día se sentía más viejo y fatigado. El disgusto que había tenido con su primogénito Jutchi lo había dejado amargado y pensativo.

Al verse envejecido, reconocía su impotencia para terminar de consolidar definitivamente lo que tantos esfuerzos le había costado conquistar.

—Necesito vivir para acabar mi obra —le dijo a su consejero.

—Cuando tu hora llegue, todo habrá terminado —le contestó éste.

—He observado —siguió Gengis Kan— que los mongoles nómadas no se hacen tan viejos como los que viven en las ciudades.

Y al observar la sonrisa de su consejero, preguntó:

—¿Sabes si poseen algún secreto para no envejecer?

—Nunca oí nada de eso —le contestó Yeliu-Chutsai.

Gengis Kan no hizo más comentarios, pero se veía preocupado con esto, y en su mente fue creciendo la idea de tener el medio de alargar su vida, en el caso de que existiera. ¿No era dueño del mundo?

A los sabios mahometanos que trataban de instruirlo en las leyes del Profeta, les decía así:

—Dios está en todas partes y me parece absurdo tener que ir a la Meca para arrodillarse ante él. Se pueden ahorrar esa molestia.

Después de hacerles otras consideraciones sobre el islamismo, terminó diciéndoles:

—Cada quien puede creer y adorar al dios que prefiera, en mi reino. Lo único que está obligado a cumplir son las leyes que yo dicto.

Al poco tiempo, como cada uno de los pueblos conquistados tenía distinta religión, todos empezaron a reparar sus iglesias, mezquitas o sinagogas.

Mientras tanto, Gengis Kan seguía pensando en la manera de prolongar su vida... Un día tuvo noticia de que en Pekín vivía un sabio muy anciano y venerable, llamado Chang-Chun, que era maestro en la ciencia del secreto de la vida eterna. Enseguida hizo que su canciller le escribiera una larga carta, invitándolo a venir a su corte.

Entre otras cosas le decía:

> "Aborrezco el lujo y no tengo más que un traje y una sola comida... En las empresas militares siempre me pongo a la cabeza y en los combates nunca me quedo atrás... Considero a mi pueblo como a mis hijos y desde que subí al trono siempre procuré gobernarlo bien.
>
> "No poseo extraordinarias cualidades, pero quiero como hermanos a los hombres de talento. Aunque todavía no he logrado encontrar hombres dignos de ocupar los puestos más elevados...
>
> "He oído decir que tú, maestro, andas por el recto sendero, habiendo alcanzado la Verdad... Me es imposible

ir a verte. Lo único que puedo hacer es bajar de mi trono y colocarme junto a ti cuando llegues... Apiádate de mí y ven... Yo mismo te serviré y espero que por lo menos me dejarás un vestigio de tu sabiduría. Dime una sola palabra y seré feliz..."

Gengis Kan llamó al mensajero encargado de ir a recoger al sabio a Pekín y le dijo:

—Tráelo contigo. ¿Entendido?

El emisario tomó la carta y, asintiendo con la cabeza, salió de la tienda del Kan.

Sabía que se jugaba la cabeza, y por eso cuando Chang-Chun empezó a decirle que prefería la soledad a los honores y que ya otras veces había rechazado las invitaciones de los emperadores chinos, el mensajero le dijo:

—Te aconsejo por tu bien que vengas conmigo. Yo trataré de hacerte el viaje lo más cómodo posible.

Y el año 1220, a los setenta y dos años de edad, el sabio Chang-Chun salió de Pekín hacia Samarcanda, a la que llegó después de año y medio de un viaje triunfal.

Nadie honró tanto a un sabio filósofo como lo hizo Gengis Kan. A lo largo de su recorrido, las personas le rendían homenaje, y los príncipes mongoles lo recibían con los máximos honores. Unas jornadas antes de finalizar su viaje, salió a esperarlo Bogurchi, uno de los hombres de más confianza y que más quería Gengis Kan, quien lo acompañó hasta la tienda del jefe mongol, que estaba impaciente por saludarlo.

Al verlo llegar, se adelantó Gengis Kan y le dijo:

—Me siento muy honrado de que te hayas dignado visitarme.

Pero como el sabio filósofo no sabía fingir y había tenido que hacer el viaje contra su voluntad, replicó:

—He venido porque tú me lo has ordenado.

Y al decir esto hizo una inclinación de cabeza, juntando las manos, como saludo al jefe de los mongoles.

El asombro de los presentes llegó al límite cuando vieron que el recién llegado no se postraba de rodillas, como era costumbre, ante el Kan de los mongoles, sino que, por el contrario, era éste el que se desvivía por agasajarlo.

—Quiero que me concedas el honor de sentarte a mi mesa —le rogó Gengis Kan.

—Te lo agradezco —repuso el sabio—, pero no como más que un poco de harina y arroz, y algunas verduras y frutas...

El Kan, en vez de molestarse por la negativa, hizo que le trajeran los mejores frutos y las legumbres más frescas, desde lugares distantes.

Gengis Kan ardía en deseos de conversar con Chang-Chun, y por eso no tardó en preguntarle:

—¿Posees tú la medicina de la inmortalidad? Si así fuera, yo te daré a cambio lo que tú me pidas y te colmaré de honores y riquezas.

—Lo que me pides no existe —dijo el sabio—. Y por otra parte, nada deseo de ti, ni ansío dinero ni gloria.

Chang-Chun miró sonriente a Gengis Kan y vio cómo éste se quedaba algo decepcionado y abatido. Por eso añadió luego:

—No te inquietes, porque el hombre no puede producir algo que sea eterno.

Gengis Kan asintió con la cabeza y se quedó profundamente impresionado con las palabras del filósofo. En vez de producirle descontento, sentía ahora que una nueva luz se hacía en su mente.

A partir de aquel día, el sabio chino acudió a la tienda de Gengis Kan para instruirlo y conversar con él. El consejero Yeliu-Chutsai servía de intérprete, y los hijos y amigos del Kan iban también a las lecciones del sabio.

El jefe mongol ordenó que todo aquello se registrara por escrito en lengua mongola y china, para que les quedara constancia a las generaciones venideras.

Como eran muchas las preocupaciones de otro orden que impedían al Kan de los mongoles asistir a las lecciones del sabio chino, tuvo que interrumpirlas aun en contra de su voluntad.

—Déjame volver a China —le dijo Chang-Chun, al ver su misión interrumpida.

Pero Gengis Kan le hizo esperar. Y al ver que el filósofo no estaba tranquilo en el campamento, le mandó preparar en Samarcanda un retiro en el palacio que había ocupado el Sha, y con una escolta especial lo instaló allí, lejos del bullicio y ajetreo de los guerreros.

El sabio, al ver aquellos magníficos jardines y las amplias terrazas de su nueva residencia, sonrió agradecido a tantas atenciones y pronto quedó abstraído en sus pensamientos.

Gengis Kan suspendió temporalmente la enseñanza que recibía del sabio chino y se dedicó a ordenar su vasto imperio. Las cosas no marchaban a su gusto y aquello lo inquietaba.

Representación de Gengis Kan
a una edad más avanzada.

Capítulo 10

Otras campañas de guerra

Los técnicos y especialistas trabajaban sin descanso en la construcción de nuevas armas e instrumentos de guerra, que fueran capaces de abatir las más resistentes fortalezas.

A diario se hacían pruebas de los instrumentos recién terminados, y a cada nuevo ensayo aumentaba el poder destructor de los mismos.

Gengis Kan seguía atentamente aquellos adelantos, y para comprobar su eficacia y por sacar de la inactividad a sus huestes, reunió un día a sus hijos y generales y les dijo:

—Partirán todos inmediatamente para una nueva campaña.

—¿Hacia dónde? —le preguntaron.

—Hacia Coramina —contestó Gengis Kan—. Sean prudentes, pues allí es fácil que encuentren bastante resistencia. Ugodei, con sus máquinas de guerra, abrirá brecha en los asedios.

Muy pronto, un numeroso ejército partía hacia el país de origen del fallecido Mohamed. Gengis Kan quiso comprobar personalmente la eficacia de los inventos guerreros que llevaban.

—¿Dónde podríamos probar esos instrumentos? —preguntó a Ugodei.

—Creo que la fortaleza de Termeds, que está situada en la parte alta del Amu-Daria, sería un buen lugar —le respondió éste.

—De acuerdo —dijo su padre—. Iré con ustedes hasta allá.

Gengis Kan quedó satisfecho al ver los excelentes resultados que daban aquellos artefactos, ante los fuertes muros de la fortaleza.

Y mientras las tropas se perdían tras el horizonte, Gengis Kan, acompañado de su hijo Tuli, sonreía orgulloso soñando con nuevas conquistas.

Cada día el Kan apreciaba más a su hijo Tuli, que se parecía mucho a él, y le gustaba tenerlo a su lado, manteniendo largas conversaciones. En esta ocasión, le preguntó:

—¿Te gusta la vida tranquila e inactiva?

—No, padre. Todo esto me aburre —le contestó.

Ante esta respuesta, Gengis Kan exclamó lleno de contento:

—¡Ahora verás, Tuli! ¡Voy a organizar una cacería como nunca se ha visto otra!

Ese mismo día dio orden a su Estado Mayor de preparar lo necesario para realizar entre aquellos bosques frondosos y altas montañas, una partida de caza que sacara a sus hombres de la inactividad y en la que cada uno pudiera demostrar su arrojo.

Varios días tardaron en acotar el terreno en el que se iba a hacer la cacería. Centenares de kilómetros fueron delimitados por un cordón de soldados, con la misión de impedir que ningún animal pudiera escapar.

Mientras miles de hombres vigilaban los pasos para evitar la fuga de los animales y fieras, con orden expresa de no disparar bajo ningún motivo sobre ellos, otros con tambores, timbales y sonar de cuernos y trompetas, haciendo un ruido infernal, iban empujando a las manadas enloquecidas, reduciendo cada vez más el cerco.

Tigres, lobos, osos, jabalíes y muchas especies más, aullaban aterrorizados y amenazadores, tratando de romper aquella cadena humana que les impedía huir.

Los mongoles, al verse atacados, no podían disparar sus armas, pero tampoco debían permitir que ningún animal pudiera escapar.

Al llegar la noche, por todo el perímetro del cerco se extendía una muralla de elevadas llamas de kilómetros y kilómetros, entre la que se debatían enfurecidas e impotentes las fieras.

No hubo monte, ni precipicio, ni bosque, ni guarida, que quedara sin explorar. Se atravesaron ríos y barrancas, y cada día durante meses los animales eran empujados hacia adelante, reduciéndoles cada vez más el amenazador y peligroso cerco.

Gengis Kan, acompañado de su hijo Tuli, presenciaba aquella maniobra, en la que sus guerreros ponían de manifiesto su táctica e indomable valor.

Las fieras, al verse cada vez en un espacio más reducido, entre aullidos espantosos se atacaban mutuamente, y los mongoles se veían casi impotentes para poder contener sus furiosas acometidas.

El cerco se había hecho infranqueable y los animales habían sido concentrados en un lugar reducido y estrecho.

Entonces apareció Gengis Kan cabalgando, acompañado de su séquito, y dijo:

—¡Que comience la cacería!

En ese momento empezaron a sonar toda clase de instrumentos, produciendo un ruido tan infernal que hasta los animales más salvajes quedaron inmovilizados de espanto. Al mismo tiempo, los mongoles abrieron una amplia brecha para dejar salida a los animales.

Gengis Kan, armado con su arco y un enorme sable curvo, inició la cacería, matando en un momento a varias fieras salvajes, entre ellas un tigre y un oso enorme. Luego se retiró a una pequeña colina y desde allí observó la maestría y arrojo de sus hombres.

Con el afán de conseguir las alabanzas del Kan, todos se esforzaban en demostrar no sólo su valor, sino también su habilidad y estrategia, como si combatieran contra el enemigo.

Gengis Kan, rodeado de muchos de sus nietos y amigos, sonreía complacido, y con gritos trataba de animar a los cazadores.

Cuando la caza mayor fue exterminada y casi no quedaban más que animales pequeños, uno de los nietos del Kan le pidió:

—No dejes que maten a los que quedan, abuelo.

Éste acarició al pequeño y enseguida dio orden de terminar la cacería.

Entonces todos los animales que lograron salvarse de la matanza, huyeron a refugiarse en el bosque.

Cerca de cuatro meses duró esta cacería, que dejó asombrados a los que tomaron parte en ella o la presenciaron. Por todas partes se esparció la noticia, comentándolo entusiasmados los que participaron, como el espectáculo más alucinante que habían visto en su vida.

Durante aquellos meses, los mongoles volvieron a hacer la vida nómada de sus primeros tiempos, y se curtieron otra vez al estar en contacto con la Naturaleza. Aquello devolvió a Gengis Kan la confianza en sus hombres, y lleno de esperanzas e ilusiones, ordenó regresar al campamento.

Los "flechas" llegaban a diario con noticias alarmantes, y el jefe mongol vio aparecer por el horizonte negros nubarrones que pondrían a prueba su entereza y autoridad.

Un mensajero llegó diciendo que sus hijos Jutchi y Chatagai reñían. Gengis Kan, indignado, dio orden a su canciller de escribir una carta en la que destituía a sus hijos Jutchi y Chatagai de sus cargos y les ordenaba ponerse bajo las órdenes de Ugodei.

Los dos hermanos, que no hacían más que disputarse el dominio de unos territorios, al recibir la orden de su padre se sintieron humillados; pero obedecieron sumisos, temerosos del castigo paterno, y aceptaron el mando de Ugodei.

Éste, con su astucia y prudencia, en vez de hacer ostentación de su nueva autoridad, logró granjearse la voluntad de sus hermanos y, de común acuerdo con ellos, llevó adelante su campaña.

Mientras tanto, las cosas por Corasmia no marchaban bien. Jelal-ed-Din, el hijo del fallecido Sha, había hecho su aparición al frente de un ejército, y después de derrotar a un destacamento mongol que le salió al paso, desapareció sin dejar rastro.

Todos se movilizaron de inmediato para salir en su busca, pero por mucho que indagaron, no consiguieron dar con él. Parecía como si la tierra se lo hubiera tragado. Pueblos enteros fueron arrasados y los habitantes severamente interrogados, pero nadie logró dar una pista.

Para colmo de males, los nuevos instrumentos de guerra no podían utilizarse en ciertos lugares. Ugodei estaba fuera de sí y no hacía más que lamentarse ante el temor de no poder ofrecer a su padre una victoria rotunda.

—Podríamos hacer otra cosa —le dijo su hermano Chatagai.

—¿Cuál? —preguntó éste.

—Desviar el curso del Amu-Daria por la parte Norte —contestó Chatagai—. De esa forma quedaría todo inundado y esas fortalezas no tendrían más remedio que rendirse.

—Has tenido una gran idea, hermano —repuso Ugodei, dándole unas palmadas en la espalda.

Y sin pérdida de tiempo, comenzaron a realizar este plan.

*

Gengis Kan había empezado a preocuparse cuando supo la desunión que existía entre sus hijos. Por otra parte; veía mermados sus ejércitos debido a las enormes bajas en las últimas contiendas. Es verdad que podía contar con el refuerzo de miles de prisioneros, pero éstos no le ofrecían la misma garantía que sus mongoles...

—¡Que venga un "flecha" enseguida! —ordenó.

Y tan pronto como éste se halló en su presencia, le dijo:

—Ve a buscar a Subutai.

El "flecha" montó de un salto sobre su caballo y a galope tendido se lanzó en dirección al mar Caspio. Sin descansar un momento cubrió varias jornadas, durmiendo a ratos sobre el caballo, y pronto llegó a su destino.

—¿Qué ocurre? —le preguntó intranquilo Subutai.

—El Kan dice que te presentes de inmediato en el campamento —repuso el "flecha".

Sin dudar un solo instante, el valiente jefe mongol se cubrió de vendas la cabeza y el cuerpo, al igual que hacían todos los "flechas", y montando sobre su caballo emprendió la marcha.

Una semana aproximadamente tardó en recorrer los dos mil kilómetros que lo separaban de Gengis Kan. Los caballos iban cayendo reventados, y por eso cada cuarenta o cincuenta kilómetros los iba cambiando en los puestos de relevo que había a lo largo del camino. Día y noche cabalgó sin descanso, comiendo y durmiendo sobre el caballo.

Aquella fantástica carrera terminó por fin, y deshecho se presentó en la tienda del jefe de los mongoles, que ya lo aguardaba lleno de impaciencia.

—Tú que has corrido tras el Sha por todo su reino —le dijo Gengis Kan—, quiero que me informes de las posibilidades que tiene su hijo.

—Es un país inmenso, con millones de hombres —respondió éste sin titubeos.

El Kan de los mongoles se quedó unos instantes pensativo ante la respuesta de Subutai, y luego preguntó:

—¿Tú crees que esos hombres seguirían al hijo del Sha, si hiciera un llamamiento general?

—Están muy diseminados y sería difícil agruparlos en un solo ejército —contestó éste.

Luego le describió la serie de gigantescas ciudades rodeadas de poderosas fortalezas y enormes murallas, que había por la rica Corasmia. Luego le habló de las inmensas regiones distantes unas de otras por varios días de cabalgar sin descanso.

—¿Crees que tardarían mucho tiempo en reunirse? —preguntó impaciente Gengis Kan.

Subutai, antes de responder, pensó unos momentos y luego dijo:

—Casi puedo asegurar que tanto en invierno como en verano, eso les será imposible.

—¿Por qué? —le interrumpió Gengis Kan.

—Porque sus caballos no saben resistir el calor, ni saben buscar la comida bajo la nieve como los nuestros —contestó Subutai.

—¿Entonces? —inquirió el jefe mongol.

—Sólo en la primavera o luego en el otoño —siguió diciendo Subutai— podrían reunir un ejército los del Sha, y lanzarse a combatir. Claro que para ello tendrían que llevar consigo una gran cantidad de impedimenta y rebaños, que les obstaculizarían la marcha rápida.

—No olvides que no cuento más que con cien mil mongoles, y una derrota sería nuestra muerte para siempre —dijo muy serio Gengis Kan.

—No temas —lo tranquilizó Subutai—. Que yo sepa no hay ningún ejército por esas tierras capaz de derrotarnos.

Aquellas palabras devolvieron la tranquilidad al Kan y sirvieron para cambiar el destino de algunos pueblos.

Rápidamente, Gengis Kan trazó su plan para la próxima campaña que iba a emprender contra el Islam. Si lo que le decía Subutai era cierto, podría dominar la situación. La ventaja que veía estaba en que aquellos hombres no podrían reunirse en un gran ejército, y en pequeños grupos reconocía su manifiesta superioridad, debido a su gran capacidad de maniobra y la rapidez en reagruparse.

Tan pronto como Subutai rindió su informe, solicitó a Gengis Kan autorización para partir a reunirse con sus tropas.

—Deseo que me concedas permiso —le dijo— para atravezar las montañas que hay más allá del mar Caspio y poder saber qué clase de pueblos viven allí.

—¿Cuánto tiempo necesitas? —le preguntó Gengis Kan.

—Cerca de tres años —contestó Subutai—. Así podré conocer bien qué reinos son y qué ejércitos tienen.

—De acuerdo —le dijo Gengis Kan—. Pero no olvides que pasado este tiempo, si antes no tienes aviso, deberás regresar a Mongolia por el norte del mar Caspio. Ahora puedes marchar cuando quieras y que tengas suerte.

Esa conversación salvó a Rusia de la invasión mongola. Sin embargo, sirvió para que el sur de Europa quedara devastado y para que por todo el continente europeo cundiera el pánico al escuchar el galope de los caballos mongoles.

Sin perder un instante, Subutai volvió a cabalgar sobre su caballo, y al cabo de una semana estaba reunido con sus tropas, junto al mar Caspio.

Y poco después, al frente de su ejército, cruzaba las montañas y llegaba a tierras europeas.

*

Europa volvió a tener noticias de los mongoles por una carta que dirigió al Papa la reina Kusudan de Georgia. En ésta le comunicaba al Santo Padre:

> "Un pueblo salvaje de Tartaria, de aspecto infernal, sediento de rapiña como un lobo y valiente como un león, pero que, no obstante, debe ser de religión cristiana, puesto que lleva en su estandarte una cruz blanca, invadió mi país. Pero la valiente caballería georgiana los ha rechazado, dando muerte a veinticinco mil de esos bandidos. A causa de ese encuentro, la caballería de mi país no está en condiciones de tomar parte en las Cruzadas, tal como le fue prometido a Su Santidad".

El reino cristiano de Georgia se localizaba entre las llanuras del mar Caspio y el cinturón montañoso del Cáucaso.

De las bajas orillas del Caspio partieron las huestes mongolas, mandadas por Subutai y Chepé-Noyon. El primero de ellos, al frente de treinta mil hombres y después de un terrible recorrido, llegó a los campos de Georgia, donde ya eran esperados por lo más selecto de la caballería georgiana.

Estos caballeros, que estaban armados y dispuestos para acudir a las Cruzadas, eran experimentados combatientes. Por eso, orgullosos y contando de antemano con la victoria, al ver a aquellos desharrapados y famélicos jinetes que osaban enfrentárseles, se lanzaron como tromba a su encuentro.

Se entabló una terrible batalla. Subutai atacó primero y luego hizo desplegar sus tropas, dejando flotar al viento su estandarte de siete puntas, con el halcón blanco que muchos confundían con el signo de la cruz.

Los georgianos vieron huir a los mongoles, y sin dudar un instante se lanzaron en su persecución. Pero las tropas de Chepé-Noyon estaban emboscadas allí cerca, y cuando los georgianos se dieron cuenta, ya estaban siendo atacados por los dos lados.

La magnífica caballería georgiana fue completamente destruida, sin que los mongoles sufrieran grandes bajas.

Esta fue la razón que motivó la carta de la reina Kusudan al Papa, y lo único cierto de ella era que su caballería había sido totalmente aniquilada.

Subutai y Chepé-Noyon, sin dejar que sus hombres se desparramaran por aquellas tierras, los condujeron hacia las llanuras del sur de Caucasia, frente a la alta muralla de las montañas.

En Georgia cundió el pánico, y precipitadamente se organizó la defensa. Pero cuando esperaban el ataque de los mongoles, vieron sorprendidos con agrado que éstos habían desaparecido de aquellos lugares.

Los mongoles, mientras tanto, se hallaban cruzando el Cáucaso. Y si fue terrible para Chepé-Noyon el paso del Pamir, no lo fue menos atravesar aquel impresionante macizo rocoso.

Al atravesar por aquellas montañas enormes e intransitables, era imposible transportar algo, ya que hasta a los caballos muchas veces les resultaba difícil caminar con seguridad.

Inexplicablemente, alguien había dado la voz de alarma y había señalado la presencia de los mongoles, porque cuando éstos, cansados y maltrechos, terminaron de atravesar el Cáucaso y llegaron a la llanura de Terek, un numeroso ejército compuesto por todos los pueblos cercanos a aquellas montañas, los estaba esperando para atacarlos.

Los mongoles, a pesar de no hallarse en condiciones de combatir y de ser infinitamente inferiores en número, no tuvieron más remedio que defenderse de la acometida furiosa de sus atacantes.

La batalla quedó indecisa, aunque por ambas partes hubo numerosas bajas.

Eran varios los pueblos que se habían agrupado para combatir a los mongoles, pero el de los komanos era el más salvaje y guerrero, y el que se creía dueño y señor de aquellos territorios comprendidos entre el mar Caspio y el Don.

Por eso, al ser requeridos por los demás para acudir en defensa de sus intereses, no vacilaron en prestarles ayuda.

Subutai vio que los komanos eran un serio obstáculo para los mongoles y que podían interceptar su avance victorioso. Por ello, de acuerdo con Chepé-Noyon, preparó unos magníficos caballos, y después de cargarlos con valiosos presentes, los envió al campamento komano con unos mensajeros.

Al ver llegar a semejantes emisarios, los komanos los recibieron gozosos y admirados de ver los regalos que llevaban.

—¿Qué quieren de nosotros? —preguntaron intrigados.

—Nos manda nuestro jefe a decirles —respondieron los mensajeros— que siendo de la misma raza, se extraña de que luchen contra nosotros.

—¿Entonces, qué debemos hacer? —preguntaron los komanos.

—Aliarse con nosotros para conseguir lo que quieran.

Los jefes komanos, después de un breve conciliábulo, dijeron a los emisarios:

—Digan a su jefe que lucharemos a su lado.

Al día siguiente, los hombres de Subutai atacaron al resto de los pueblos caucásicos, que al verse sin el apoyo de los komanos, fueron derrotados fácilmente. El botín recogido fue inmenso y muchos los prisioneros que pasaron a servir al ejército mongol.

Pero cuando los komanos se retiraban muy contentos por el botín que habían obtenido casi sin esfuerzo, se vieron atacados inesperadamente por los mongoles.

—Esto es una traición —exclamaron extrañados.

Subutai les respondió con desprecio:

—Aquí los únicos traidores son ustedes, que por unas cuantas riquezas han traicionado a sus compatriotas.

Luego intervino Chepé-Noyon para decir:

—Además, merecen un castigo por rebeldes, ya que deben sumisión a Jutchi, hijo del Kan, que es el señor de estas tierras.

Los komanos, extrañados de lo que oían, preguntaron:

—¿Quién es ese Kan de que hablan?

Entonces Subutai les mostró un escrito en el que se hacía constar que Gengis Kan cedía a su hijo Jutchi todos aquellos territorios y a los komanos como súbditos.

—Nosotros hemos venido —añadió Subutai— para castigarlos y someterlos a la obediencia.

Pronto se corrió la noticia de que un pueblo feroz había invadido los dominios de los komanos, con el único objeto de castigarlos.

—No dejan a nadie con vida —decían los pobladores, llenos de terror.

—Nadie puede resistir sus ataques —añadían otros.

Así fue como los komanos, que eran un pueblo seminómada, cargó sus escasos ajuares y como un torrente humano, lo más rápido que pudieron abandonaron aquellas fértiles tierras y se dirigieron hacia el Norte y el Oeste, sin descansar un momento para evitar ser alcanzados por los mongoles.

Subutai y Chepé-Noyon, al frente de sus huestes, avanzaban arrolladores por aquellas fértiles y ricas praderas, a todo lo largo del mar de Azof. Atravesando un cordón de montañas penetraron en Crimea y llegaron hasta la fortaleza genovesa de Sudak, situada en la punta más extrema de la península.

Los genoveses, creyendo que los desconocidos invasores se estrellarían contra las fuertes murallas de la fortaleza, ordenaron cerrar todas las entradas y prepararse para defender la plaza. Pero no contaban con la práctica y tenacidad de los mongoles en los asedios, y poco después la plaza era tomada.

Algunos genoveses tomaron sus bajeles y huyeron hacia su patria, adonde llegaron contando atrocidades de un pueblo extranjero y feroz, cuyos hombres parecían demonios.

—Y, sin embargo, en su estandarte llevan la cruz —decían extrañados.

—¡Es raro! —comentaron en Europa—. Ya es la tercera vez que oímos hablar de ellos...

Subutai y Chepé-Noyon, atravesando el Dnieper, continuaron su marcha hacia el Occidente, llegando hasta el Dniester. El mar Negro concluía allí y la tierra, de verdes praderas, se extendía a los lejos como una promesa.

—Los poderosos reinos de los hombres blancos empiezan a partir de aquí —les dijeron.

—¿Qué reinos son? —preguntó Subutai.

Y el que les informaba, señalando tres puntos cardinales y exceptuando el Este, les dijo:

—Al Sur los bizantinos, hacia el Sudeste lo que llaman Polonia, al Norte los príncipes rusos y hacia el Oeste los húngaros y otros muchos reinos más.

Tanto a Bizancio como a Hungría llegaron miles de familias komanas en busca de refugio, y fueron las que informaron del peligro mongol.

Al igual que el emperador bizantino, el rey de Hungría se puso febrilmente a fortificar sus ciudades, en espera de ser atacado por aquellos "diabólicos extranjeros".

—Hemos llegado al final del reino de Jutchi —dijo Subutai a Chepé-Noyon.

Y éste, al verse a las orillas del mar Negro, añadió:

—No tenemos orden de seguir más adelante, así es que debemos regresar.

—Deja que primero recoja información, para que el Kan sepa lo poderosos que son estos reinos —le dijo Subutai.

Y durante algún tiempo, los espías mongoles se dedicaron a investigar todo lo que pudieron de aquellos reinos de Occidente.

Momentos antes de partir, Chepé-Noyon observó cómo Subutai miraba con insistencia hacia la línea que se perdía en el horizonte por el Oeste.

—¿Qué miras? —le preguntó.

Subutai, como ensimismado, le respondió:

—Me gustaría saber qué es lo que hay detrás de aquellas montañas que se ven al fondo.

—La próxima vez que volvamos lo sabrás —le dijo riendo Chepé-Noyon—. Ahora vámonos.

Y espoleando sus caballos abandonaron aquellos lugares, seguidos de sus treinta mil soldados.

*

Las palabras de Chepé-Noyon resultaron proféticas, y gracias a los informes recogidos en aquella expedición de reconocimiento, quince años más tarde, en el "kurultai" de la victoria convocado por Ugodei, como sucesor de Gengis Kan, se acordó un plan de guerra para conquistar Europa en ocho años.

En aquel ejército figuraban la mayoría de los príncipes de la casta de Gengis Kan, que acudían a la lucha contra Occidente en busca de gloria y de conquistas.

Como jefe y conductor de aquella campaña ambiciosa, iba el más famoso general de Gengis Kan, el anciano e invencible Subutai, que ya antes había llegado hasta las orillas del mar Negro, límite de los dominios del reino de Jutchi.

Durante los primeros seis años, Polonia, Rusia, Hungría, Silesia, Servia y Bulgaria fueron destruidas y conquistadas, penetrando a lo largo del mar Adriático hasta Viena y deteniéndose en las márgenes del Danubio, por haber recibido orden de regresar a Mongolia.

*

La mayoría de los komanos habían huido de los mongoles hacia Hungría y Bizancio. Sin embargo, Kotjan, jefe o Kan de los komanos, recogió apresuradamente todas sus riquezas y acompañado de un numeroso séquito fue a buscar refugio a la corte del príncipe ruso Tislaw Halik, que estaba casado con una de sus hijas.

Los komanos vivían generalmente de las incursiones de rapiña que efectuaban en las tierras de los diferentes príncipes rusos, por lo que éstos les temían y los consideraban como peligrosos enemigos.

El mismo Tislaw Halik, a fin de evitar que sus territorios fueran constantemente saqueados por los komanos, contrajo matrimonio con una de las hijas del Kan de éstos, y de esta forma se libró de las rapiñas de sus ambiciosos vecinos.

Al ver a su suegro acompañado de todo su séquito, asustado y temeroso, Tislaw le preguntó:

—¿Qué te ocurre?

—Vengo en busca de ayuda contra un enemigo que ha llegado súbitamente —le contestó Kotjan.

—¿Y qué enemigo es ese tan poderoso? —inquirió intrigado el príncipe ruso.

—Viene de un país desconocido, hablando un idioma extraño, y tiene la intención de reducir todos los pueblos a la esclavitud —respondió lleno de temor el Kan de los komanos.

Y tras una breve pausa, añadió:

—Si no les sales al encuentro, pronto los tendrás por aquí, dejando todo arrasado.

Aquellas noticias llegaron también a conocimiento de otros príncipes rusos, quienes alarmados y a instancias de Tislaw Halik, se reunieron en una asamblea en la ciudad de Kiev.

—Dicen que sólo van contra los komanos —dijo uno de los príncipes.

—Pues que se defiendan solos, porque bastante hemos tenido que sufrir con sus rapiñas y robos —añadió otro.

Entonces intervino Tislaw Halik para decir:

—Reconozco que los komanos han sido siempre enemigos nuestros, pero yo les pregunto: ¿qué ocurrirá si se alían con los mongoles?

Y al ver que nadie le daba una respuesta, añadió:

—Lo más seguro sería entonces que vinieran a luchar contra nosotros, a nuestros dominios.

—En ese caso —intervino uno de los príncipes—, lo más conveniente sería ir al encuentro de esos mongoles, antes de que lleguen hasta aquí.

Tomado este acuerdo, los distintos príncipes rusos, al frente de numerosa tropa, se dirigieron hacia el mar Negro, en busca de los desconocidos mongoles.

De muchas partes acudieron tribus komanas y de otros pueblos, para agregarse a los ejércitos de los príncipes. De esta forma, muy pronto su fuerza combativa aumentó extraordinariamente, y por los ríos próximos se vieron miles de barcas llenas de combatientes, en espera de enfrentarse a los mongoles.

Subutai no tenía órdenes de Gengis Kan de luchar contra Rusia. Por eso, al enterarse de que los rusos se habían puesto en pie de guerra contra ellos, mandó a diez embajadores mongoles al campamento de los príncipes, con ricos presentes.

—No hemos venido a luchar contra los rusos —les dijeron—. Si estamos aquí es para castigar a los komanos, por no someterse al Kan Jutchi.

Y antes de que los príncipes salieran de su asombro, añadieron los mensajeros mongoles:

—Sabemos que los komanos son sus enemigos. ¿Por qué no se unen a nosotros y acabamos con ellos?

Entonces uno de los jefes komanos exclamó:

—¡No se fien, porque les tienden una emboscada! Lo que quieren es dividirnos, y en cuanto acaben con nosotros irán por ustedes. Con los komanos hicieron eso.

—¿Los komanos eran vasallos de los mongoles? —preguntó uno de los príncipes rusos.

—¡Ni sabíamos que existían los mongoles! —respondió el jefe komano.

Entonces, los príncipes rusos, de acuerdo con los komanos, mataron a los diez emisarios mongoles, convencidos de que éstos les tendían una trampa.

Después, al llegar la noche, atravesaron el Dnieper con sus barcas y sorprendieron y derrotaron fácilmente a una avanzada mongola de mil hombres, que aguardaba el regreso de los emisarios.

Al enterarse de lo ocurrido, Subutai se indignó. Pero antes de apresurarse a tomar una decisión, meditó unos instantes y luego mandó a dos nuevos emisarios al campamento de los príncipes rusos.

—¿Qué quieren? —preguntaron muy extrañados al verlos llegar.

—Venimos a decirles que nos ha sorprendido lo que han hecho con nuestros hombres. Nosotros no les hemos hecho ningún mal. Pero como vemos que quieren la guerra, por nuestra parte no hay ningún inconveniente. ¡Lo que tenga que ser, será!

Y dando media vuelta salieron del campamento, sin que nadie se atreviera a molestarlos, impresionados por aquel extraño mensaje de los mongoles.

Como los príncipes rusos sabían que contaban con un ejército tres veces superior al de los mongoles, estaban impacientes por emprender la lucha, y al día siguiente empezaron a hostilizar a las vanguardias enemigas.

Subutai y Chepé-Noyon, durante nueve días y sin cesar de ser acosados, se fueron retirando sin perder de vista al enemigo. Pero cuando Subutai vio terreno propicio para sus planes, se detuvo tras del río Kalka. Luego, de común acuerdo con Chepé-Noyon, distribuyeron sus fuerzas y esperaron.

Los príncipes rusos, impacientes y ante el temor de que los mongoles pudieran escaparse, sin reparar más que en la superioridad aplastante de sus fuerzas, se lanzaron contra los mongoles. Pero éstos, rehuyendo el encuentro, contraatacaron por los flancos contra los débiles komanos y los fueron acorralando contra la caballería de los príncipes que, imposibilitada para maniobrar, se vio desbordada y deshecha por los furiosos ataques de los mongoles.

Los príncipes rusos fueron derrotados y puestos en fuga. Sólo una décima parte del ejército ruso pudo salvarse en las barcas que había en el río. Tislaw Halik, que fue uno de los supervivientes, quemó tras de sí todas las embarcaciones para impedir la persecución de los mongoles.

En esta batalla perdieron la vida seis príncipes rusos y unos setenta mil boyardos. El botín fue cuantioso y los prisioneros por millares. Después, no hubo en toda la Rusia meridional ningún ejército que se opusiera a los mongoles en su avance arrollador.

Nadie se podía explicar aquella victoria, y ello era la causa de que por todas partes se hablara de los mongoles con terror supersticioso.

Mientras tanto, Chepé-Noyon y Subutai continuaron persiguiendo a los fugitivos, pero al llegar ante las selvas impenetrables y a la vista de la enorme extensión que abarcaba Rusia, dirigieron sus ejércitos hacia el Este, llegando al Volga.

Algunas tropas búlgaras quisieron oponerse al avance mongol, pero fueron derrotadas sin gran esfuerzo por las huestes de Subutai.

Poco después, todas las tribus que vivían por aquellos territorios quedaban sometidas a los mongoles, que tras esta conquista decidieron descansar.

Aquellos hombres habían recorrido seis mil kilómetros, cruzando por tierras desconocidas en una expedición única en la historia de las conquistas. Esos treinta mil hombres habían ensanchado el reino de Jutchi, sometiendo para él una docena de pueblos.

Inmensos dominios fueron atravesados en una cabalgada ininterrumpida y sin igual. Por eso ahora descansaban en espera de partir de nuevo hacia lo desconocido.

Chepé-Noyon y Subutai aguardaban órdenes de Gengis Kan para continuar su marcha.

Un día llegó uno de los "flechas" procedente del campamento del Kan. Y cuando Subutai abrió la nota sellada que éste le dirigía, tan sólo leyó estas palabras:

"Ven inmediatamente".

Subutai, sin dudar un instante, envolvió su cabeza y su cuerpo con recias vendas, y a galope tendido corrió a reunirse con Gengis Kan.

Capítulo 11

Los hijos guerreros de Gengis Kan

Gengis Kan siempre trataba de conocer con antelación al enemigo que atacaría. Era una de sus primeras tácticas. Para lograrlo, al igual que contaba con equipos disciplinados para realizar otros servicios, tenía un numeroso grupo de informadores o espías, que le informaban de todo lo que sucedía en distintos lugares.

Por tal motivo, mientras en Europa sólo se tenía de los mongoles unas vagas y equivocadas referencias, éstos conocían a la perfección lo que ocurría en los países europeos, incluso hasta las desavenencias que había entre los gobernantes.

Los cruzados, al ver que los mongoles combatían contra el Islam, creyeron que eran sus aliados. La leyenda del Preste Juan, deformada y transmitida por los pueblos europeos, los presentaba como a los defensores del cristianismo en Oriente. Y fueron varias las gestiones que se hicieron para lograr un acercamiento y establecer contacto con ellos.

Pero afortunadamente para Europa, Gengis Kan tenía sus miras puestas en otra parte, y a esto debió su salvación.

Sólo después, algunos años más tarde, los sucesores del jefe mongol hicieron su aparición y llegaron hasta el Danubio, sembrando la destrucción y la muerte a su paso. Pero con la misma inesperada rapidez con que aparecieron un día, incomprensiblemente desaparecieron por donde habían llegado.

No obstante, su fugaz presencia bastó para que los europeos supieran lo que era guerrear contra estos terribles jinetes, a los que creían el diablo en persona.

Estos tártaros, o descendientes del tártaro, como si fueran surgidos de un mundo subterráneo, empleaban una táctica que Gengis Kan había implantado como infalible en su ejército. Su primer golpe consistía en desmoralizar al enemigo, sembrando el pánico y el terror por todas partes.

Las personas quedaban paralizadas por el miedo, y sólo pensaban en conservar su vida, sintiéndose impotentes para resistir aquel huracán devastador que se les venía encima.

Ante los gritos de alarma que anunciaban su llegada, como toque de rebato, los pobladores, después de incendiar sus hogares, abandonaban las aldeas y ciudades, y huían despavoridos a refugiarse en las selvas más intrincadas, o en plazas fuertes y bien defendidas.

Cualquier resistencia era inútil y tan sólo después de conquistada una ciudad, quedaba aquello que podía servir a los mongoles. Las mujeres jóvenes y los niños eran mandados a la retaguardia, los artesanos y especialistas seleccionados eran destinados al trabajo, y los hombres más robustos y fuertes los empleaban en la guerra.

Los que lograban huir llevaban consigo la imagen de todos los horrores que cometían los mongoles, y en los lugares a los que llegaban, contaban todas las crueldades que habían visto.

Otra táctica de Gengis Kan consistía en hacer creer que era un ejército fabuloso el que avanzaba incontenible. La bien ideada estrategia de maniobrar sobre grandes extensiones, para reunirse cuando convenía en tan sólo unas horas, hacía ver a los europeos, en su fantasía, que los tártaros eran inmensas multitudes.

No podían concebir que fueran los mismos aquellos que los que el día anterior habían asolado el país a cien kilómetros de distancia, ni podían imaginar que aquellos ejércitos de caballería estuvieran dotados de tan endemoniada velocidad.

Y ésta era la verdad. Pero cuando empezaban a comprenderla, afortunadamente, aquel horrible azote desapareció de los campos de Europa.

*

Gengis Kan seguía pensando en lo que le había dicho Subutai acerca del hijo del Sha. Suponía que debía encontrarse forzosamente en Oriente. Y reflexionando llegó a la conclusión de que sólo Corasmia y Afganistán podrían oponerse a su avance.

Cuando se disponía a retornar a Karakorum, llegó un "flecha" y le avisó que el hijo del Sha había reunido un ejército y se había levantado en armas contra los mongoles.

Poco después, llegaron otros con la noticia de que los partidarios del Islam se habían sublevado en distintas partes, y cometían toda serie de tropelías y desmanes.

Gengis Kan mandó llamar a su hijo Tuli, de inmediato. Y tan pronto como éste se halló en su presencia, le dijo con voz autoritaria:

—Antes de morir quiero contemplar tus hazañas. Tus hermanos ya me han demostrado de lo que son capaces. Ahora espero que tú no defraudarás mis esperanzas.

Y al ver que su hijo permanecía silencioso, añadió:

—Vas a salir hacia Corasmia con la mitad de los hombres de que disponemos, para sofocar la sublevación.

—Sí, padre —contestó Tuli.

—Sólo te advierto una cosa —le dijo Gengis Kan—. ¡No quiero prisioneros ni vencidos! ¿Entendido?

—¡De acuerdo! —respondió el hijo.

Y aquel mismo día, Tuli, al frente de un numeroso y aguerrido ejército, partió para Corasmia.

El hijo del Sha había levantado al pueblo en armas para lanzarlo a la guerra santa, y sus fanáticos seguidores, valientes y crueles como los mongoles, pero desunidos e indisciplinados, habían atacado mortíferamente todos los puestos y grupos aislados, y los arrasaron sin dejar a nadie vivo.

Fue entonces cuando apareció el alud mongol, dirigido por el joven Tuli, para comenzar aquella batalla, que no fue de conquista sino de exterminio a sangre y fuego. Tan encarnizada fue, que las fuerzas mongolas en su avance no tenían necesidad de dejar tras de sí ninguna guarnición, ya que a su espalda sólo quedaban ruinas calcinadas, desolación y muerte.

Toda resistencia que trató de oponerse a su incontenible avance fue arrollada, y las fortalezas y defensas de las ciudades destruidas.

Los artefactos de guerra más eficaces para el asalto, cargados en grandes carromatos, seguían a los jinetes y emplazados ante las poderosas murallas deshacían en pocas horas las más resistentes fortalezas.

Gran cantidad de arietes, catapultas y escalas, que los más expertos especialistas habían ideado para la toma de las ciudades, sirvieron a Tuli para rendir a las más gigantescas y mejor defendidas plazas.

Tan sólo había perdón para aquellas que, al llegar los mongoles, abrían sus puertas. Pero una vez comenzada la lucha, ya no se admitían condiciones ni ofrecimientos de rendición, y sólo terminaba ésta cuando los mongoles, sin cuartel para nadie, se apoderaban de la plaza.

La destrucción fue total y nada quedó del imperio del Sha.

Tuli aún dudaba de que aquello fuera suficiente para dejar complacido a su padre.

*

Mientras tanto, por otros frentes, Ugodei, junto a su hermano Chatagai, hacían también una guerra de exterminio.

La lucha fue horrorosa y agotadora. Miles de hombres trabajaron sin descanso hasta lograr cambiar el curso del

Amu-Daria, y centenares de kilómetros de tierras fértiles quedaron convertidas en un verdadero desierto.

Aburrido de estar inactivo, Gengis Kan, al frente del resto de su ejército, se dedicó por su parte a realizar operaciones de limpieza por varios puntos. Lo acompañaban algunos de sus nietos, y quiso la desgracia que ante una fortaleza muriera el hijo de Chatagai, llamado Matugan, que era su favorito.

Aquello lo puso furioso y mandó que todos aquellos alrededores fueran calcinados para que, como un lugar maldito, ni hombres ni animales pudieran vivir ya nunca en él. Y, efectivamente, lo que tiempo antes fuera un valle alegre y lleno de rica vegetación, se convirtió poco después en un páramo yermo y sin vida de ninguna clase.

Al regresar Gengis Kan a su campamento, estaba tan abatido y malhumorado, que por un momento pensó en abandonarlo todo y retirarse a sus tierras del Gobi. La muerte de su nieto, la deserción de su hijo Jutchi y la desobediencia de Chatagai, lo tenían seriamente preocupado.

Por eso cuando después de reducir a cenizas el corazón del Islam y quedar totalmente destruido el imperio de Mohamed, se presentaron todos sus hijos menos Jutchi, ordenó salir a todos de su tienda después de escuchar silencioso el relato de sus conquistas.

Pero de pronto ordenó a Chatagai:

—¡Tú, quédate!

Cuando estuvo solo con él, lo agarró fuertemente por el brazo y zarandeándolo furioso le dijo:

—¡Eres un desobediente y un mal hijo!

—¡Padre, yo...! —trató de disculparse Chatagai.

—¡Calla! —le cortó éste—. ¡Por tu culpa no está aquí tu hermano Jutchi! ¿No te da vergüenza?

Chatagai cayó entonces de rodillas ante su padre y arrepentido sinceramente, exclamó:

—¡Te juro que prefiero morir antes que desobedecerte!

Gengis Kan le lanzó entonces una mirada indescifrable y luego le preguntó con voz ronca:

—¿Estás dispuesto a obedecer cualquier orden que te dé?

—¡Te lo juro! —exclamó Chatagai con voz firme.

Y por segunda vez su padre le preguntó:

—¿Obedecerás sin protestar lo que yo te ordene?

—¡Lo juro, padre! —repitió Chatagai en un tono que no dejaba lugar a dudas.

Entonces Gengis Kan hizo levantar a su hijo y pasándole el brazo por los hombros, con emocionada voz le dijo:

—¡Tu hijo Matugan ha muerto!

Y cuando vio pintado en el rostro de Chatagai un gesto de doloroso asombro, antes de que éste acertara a pronunciar palabra le ordenó imperiosamente:

—¡Te prohibo que llores por él y te lamentes de su muerte!

Chatagai se mordió los labios hasta hacerlos sangrar y se quedó inmóvil como una estatua. En sus ojos se veía un brillo extraño, pero ni una queja salió de su boca, como si el dolor lo hubiera dejado paralizado e insensible.

—Ahora, vete —le dijo su padre.

Y Chatagai, como un autómata y sin pronunciar palabra, salió lentamente de la tienda.

*

Algunos historiadores han escrito que más de veinte millones de personas perecieron en un año, a causa de las conquistas de los mongoles. Esta cifra parecerá inverosímil a todos aquellos que desconozcan los procedimientos empleados por las huestes de Gengis Kan.

Lo que sí puede afirmarse es que, hasta entonces, nunca los mongoles habían demostrado tanta crueldad. Gigantescas ciudades habían quedado despobladas y destruidas. Inmensos territorios se hallaban cubiertos de ruinas, y el pánico reinaba por todas partes.

Los supervivientes parecían haber quedado como impotentes para reaccionar ante tanto horror, y tan sólo en voz baja y mirando con desconfianza en su derredor, se atrevían a hablar de "el maldito", que era como llamaban a Gengis Kan.

Sin embargo, éste seguía pensando en su obra y en los resultados que de ella se pudieran derivar. Por eso un día, interrumpiendo el curso de sus meditaciones, preguntó de pronto a uno de los consejeros que lo acompañaban:

—¿Tú crees que la humanidad me reprochará toda la sangre que he derramado?

Y al ver que el otro dudaba en responder, lo animó:

—Contesta sin miedo.

Entonces el consejero dijo con acento de reproche:

—Si los mongoles siguen matando así, no quedará nadie para recordar que Gengis Kan ha existido.

Éste no pronunció palabra al oír tal contestación, pero su rostro palideció de ira y la flecha que tenía entre las manos se partió con un seco crujido.

*

Entretanto, el hijo del Sha, Jelal-ed-Din, seguía combatiendo en las montañas de Afganistán, haciendo sufrir a los mongoles serios reveses.

Pensando en terminar de una vez por todas con esa lucha, y a fin de que su enemigo no tuviera tiempo de agrupar a su alrededor tropas más numerosas, Gengis Kan decidió salir a su encuentro para acabar de una vez con él.

Acompañado de sus hijos, excepto Jutchi, se puso en marcha con todo su ejército hacia Afganistán. Al llegar a las montañas dividió éste en cuatro grupos y puso al frente de ellos a cada uno de sus tres hijos, quedándose él con el restante.

Les pidió a sus hijos respeto para el que se rindiera y exterminio para el que opusiera resistencia. Y esto, unido a la rapidez con que realizaron su avance, les permitió llegar en muy poco tiempo a los dominios de Jelal-ed-Din.

A éste, que estaba dotado de un valor increíble y de un arrojo excepcional, le faltaba en cambio la experiencia y el prudente dominio que poseía Gengis Kan. Ganaba las batallas, pero no sabía aprovecharse de su triunfo, porque luego se entretenía en celebrar la victoria, olvidándose por completo de su enemigo.

Debido a las costumbres de aquellos tiempos, el botín conquistado era siempre motivo de discordias y rencillas, que sólo podía frenar o suprimir una autoridad insobornable y una férrea voluntad. Y estas cualidades no las tenía el hijo del Sha.

—El ejército de Jelal-ed-Din está acampado en las orillas del río Indus —llegaron los "flechas" a avisarle a Gengis Kan.

Unas horas después, los grupos mongoles se concentraron, y como numéricamente eran muy superiores a su enemigo, muy pronto quedó éste rodeado por las huestes de Gengis Kan.

—Capturen vivo al hijo del Sha —ordenó el jefe mongol a todos sus hombres.

De lograr esto sabía que inmediatamente cesaría toda resistencia y que no se produciría ningún otro levantamiento. Pero apoderarse de Jelal-ed-Din no iba a resultar tan fácil como esperaba.

Cuando al amanecer dio comienzo la batalla, no tardaron los mongoles en derrotar a sus atemorizados adversarios, que poco después se rendían sin condiciones.

Pero cuando los mongoles fueron estrechando el círculo, para capturar al hijo del Sha, éste, sin hacer caso de las intimidaciones que le hacían, empuñando la espada en una mano y enarbolando su pendón con la otra, se lanzó al frente de su escasa guardia personal contra los asombrados mongoles, abriendo brecha entre sus líneas. Galopando desesperado, al no ver otra escapatoria posible, se arrojó al Indus desde una altura de más de veinte metros, y nadando sobre su caballo atravesó el río, sin soltar la bandera de su mano.

—¡Que nadie dispare contra él! —ordenó Gengis Kan, admirado de ver aquel acto de bravura y arrojo.

Luego, dirigiéndose a sus hijos, les dijo refiriéndose al valeroso Jelal-ed-Din:

—¡Tomen ejemplo de su audacia y decisión!

Después mandó un ejército en persecución del joven hijo del Sha, pero éste se había internado en la India y no lograron encontrarlo por ninguna parte.

*

El imperio de Mohamed había dejado de existir después de la batalla del río Indus. Y unos años después de la muerte de Gengis Kan, el indómito y valiente Jelal-ed-Din, fue asesinado en una expedición de pillaje en el Asia Menor.

Sin embargo, la India, el país cuya conquista no pudo emprender el gran Alejandro Magno, fue invadida por los ejércitos de Gengis Kan, aunque éstos, diezmados por las epidemias, tuvieron que regresar pronto a sus tierras, incapaces de resistir aquel clima. Además, otra serie de acontecimientos que luego se sucedieron, hicieron a Gengis Kan tomar la decisión de regresar a su patria.

Pero este viaje no quería realizarlo con prisas. Quería recrearse en su victoria y dejar bien organizados todos aquellos territorios, que tantos esfuerzos le habían costado.

—Dominamos el país sin que tengamos que establecernos en él —decía satisfecho.

Y así era en verdad, porque todo aquel mundo islámico estaba totalmente subyugado a los nómadas mongoles.

El anciano y sabio consejero chino, Yeliu-Chutsai, fue el encargado de redactar las leyes y de establecer las relaciones que debían mantenerse entre vencedores y vencidos.

Esta difícil tarea la realizó en muy poco tiempo, colocando a los mismos nativos como funcionarios para el desempeño tanto de la justicia como para la recaudación de impuestos. Unos oficiales mongoles velaban por el cumplimiento de lo dispuesto, poniendo su mayor empeño en que todo funcionara según lo ordenado.

En ese tiempo fue cuando Gengis Kan empezó a recordar muchas cosas que hasta ese momento no había tratado ni querido comprender.

Un día exclamó:

—He reflexionado sobre la sabiduría de los filósofos y ahora veo que he matado a miles de hombres sin meditar lo que hacía.

Y tras un momento de silencio, añadió:

—¿A mí qué me importan tales hombres? Yo sólo quiero que el imperio que he conquistado sea eterno.

No obstante, el jefe mongol ya no pensaba ni era como antes. Empezaba a sentir nostalgia por sus tierras del Gobi y a sentirse cansado de tanta guerra.

Pero antes de partir hacia Karakorum convocó un "kurultai". Necesitaba ver a los suyos reunidos a su alrededor. Por eso los mandó llamar para la gran asamblea de los jefes mongoles.

Daga como la que usaba Gengis Kan.

Capítulo 12

El ocaso de Gengis Kan

Gengis Kan ya había cambiado mucho; alguien que no lo hubiera visto por algún tiempo no habría reconocido en él al temido jefe de los mongoles.

Con su basta camisa y enfundado en un viejo traje, más bien parecía un nómada cualquiera y no el creador del imperio más grande y rico del mundo.

En los días fríos envolvía su cuerpo con un abrigo de pieles de cibelina y cubría su encanecida cabeza con un gorro de piel ribeteado también de cibelina. No lucía ningún adorno y lo mismo que le repugnaba la vida ciudadana, le molestaba ponerse lujosos vestidos y armaduras como las que llevaban los extranjeros.

Por eso él no veía con buenos ojos que los mongoles aceptaran complacidos la vida agradable de la ciudad. Estaba convencido de que lo más conveniente para él y los suyos era la vida nómada y libre que siempre habían llevado.

Al prudente Yeliu-Chutsai le costó mucho trabajo convencerlo de que la plaza de Karakorum se convirtiera en la ciudad centro del imperio, a la que debían concurrir todos los pueblos a rendir sus tributos y a descargar las mercancías de sus caravanas.

Gengis Kan aceptó eso, pero dijo que él no viviría en ella por nada del mundo. Y encerrado en su idea volvía a su tienda de campaña y no consentía en habitar las lujosas habitaciones de los palacios que conquistara a sus enemigos.

—No puedes hacer eso —le reprochaba Yeliu-Chutsai—. Es necesario que todos los pueblos vean en ti reflejado tu poder y tu riqueza. Cuando estés solo haz lo que mejor te parezca, pero ante los demás eres el Kan y debes aparecer ante ellos con toda la magnificencia y esplendor que te sea posible.

Y sólo después de muchas insistencias y ruegos, Gengis Kan accedía a lo que su consejero le decía.

En los días de ceremonial o de audiencia, en la inmensa tienda se veía todo como envuelto en una suave y extraña penumbra. La única luz que iluminaba la amplia estancia era la que se filtraba por las rendijas de los tapices que cubrían la entrada y la que penetraba por el redondo agujero que había en el centro del techo.

Al fondo de la tienda y exactamente frente a la entrada, se levantaba cubierto de tapices persas un enorme tinglado sobre el que estaba montado el trono de Gengis Kan y el de su esposa.

En un círculo grande, alrededor de la tienda, se sentaban en grandes bancos o taburetes los príncipes, nobles y generales, y frente a ellos sus mujeres, todas elegantemente vestidas y cubiertas de ricas y valiosas joyas.

A mano derecha de la entrada se hallaban enormes mesas repletas de brillantes recipientes de oro y plata que contenían carne hervida y "kumys" de yegua hasta rebozar. A la izquierda, sobre un pequeño escenario, se ponía la orquesta, formada por talentosos tocadores de flauta principalmente.

Los asistentes comían y bebían hasta saciarse y luego, en el centro, hombres y mujeres bailaban y saltaban, acompañándose de un incesante batir de palmas en un espectáculo bárbaro y extraño.

Dominando todo aquel tumulto y envuelto en la misteriosa penumbra, Gengis Kan, sentado en su trono, meditaba mientras todos los demás se divertían.

Ahora que la guerra había terminado, el jefe mongol había ordenado reunir el gran Consejo, no para tratar asuntos militares y problemas graves, sino para obsequiar a los vencedores y festejar juntos la victoria.

Gengis Kan le encargó a Yeliu-Chutsai la decoración del lugar donde se llevaría a cabo la importante reunión.

Cuando todos los invitados entraron en la tienda del Consejo quedaron deslumbrados de tanta magnificencia. Un lujo nunca visto se apreciaba por todas partes. El interior estaba recubierto y decorado con sedas, brocados y ricas pieles de armiño y cibelinas.

Ni un soplo de viento, ni una gota de agua podía penetrar en ella, de tan impermeable y ajustada como estaba. Del techo pendían artísticas lámparas, que iluminaban espléndidamente la estancia.

Al fondo, y sobre una plataforma ricamente alfombrada con mullidos tapices, se hallaba el trono de oro que perteneció al Sha Mohamed y, sentado en él, Gengis Kan con la corona y el cetro, cubierto con un hermoso manto recamado de oro con las insignias reales. Y rodeando al trono, grandes arcas ricamente adornadas y llenas de perlas, diamantes y joyas de gran valor.

Gengis Kan felicitó a todos con breves palabras por las victorias conseguidas, y luego les dijo que no los había mandado reunir para estudiar una nueva guerra, sino para obsequiarles como se merecían.

Sin embargo, no pudo ocultar su disgusto cuando vio que su hijo Jutchi era el único que había faltado a su llamada. Unos emisarios que llegaron con un presente suyo de veinte mil caballos para su padre, le dijeron que estaba enfermo.

Aquel gran Consejo duró varios meses, constituyendo un constante banquete y una incesante diversión. Con frecuencia había recepciones para dar la bienvenida a príncipes extranjeros, que acudían cargados de regalos a rendir tributo al Kan de los mongoles.

En los festines se servían los más delicados manjares y los más exquisitos vinos. Gengis Kan, con su generosidad habitual, prodigaba regalos entre los suyos, colmándoles de joyas y ricos presentes. Y con la misma prodigalidad que repartía estos obsequios, concedía también dignidades y cargos entre los más distinguidos. A todos alcanzaron los favores y regalos del Kan, y no hubo nadie que quedara descontento en el reparto.

Luego, por las bajas llanuras del Amu-Daria, casi a diario también, se hacían toda clase de cacerías y cabalgadas, que tan del agrado eran de los mongoles.

Esa forma de vida era ideal para aquellos hombres habituados a la vida nómada, y parecía que el pueblo mongol iba a disfrutar de ella eternamente. Cuando estuvieron hartos de cazar tantos animales, se dedicaron a capturarlos, y después de marcarlos al fuego con el sello o marca con que señalaban los caballos, los dejaban otra vez en libertad para que llevaran hasta el último rincón de las selvas el poder del Kan.

Al jefe mongol le gustaban participar a menudo en estas cacerías. Pero un día ocurrió un hecho extraño que dejó seriamente preocupado a Gengis Kan.

Cuando perseguía a un jabalí herido, el animal se lanzó de pronto enfurecido contra él. Gengis Kan tensó su arco para disparar nuevamente sobre la bestia, cuando inexplicablemente su caballo tropezó y él cayó al suelo. El jefe mongol se vio perdido. Pero cuando ya los afilados colmillos del jabalí estaban al alcance de su mano, el animal, como si una mano poderosa lo hubiera detenido, se quedó quieto, sin hacer intento de atacar al caído e indefenso cazador mongol.

Lo prodigioso del caso es que cuando los demás, asustados, acudieron en su ayuda al galope de sus corceles, el animal rápidamente desapareció entre la espesura, sin dejar ningún rastro.

Muy emocionado por lo ocurrido, Gengis Kan regresó a su tienda, sin que pudiera explicarse aquel extraño acontecimiento.

—¿Qué puede significar esto? —le preguntó a su amigo y consejero Yeliu-Chutsai.

Éste le pidió que le explicara detalladamente todo lo que había pasado y luego de meditar unos instantes, contestó:

—Es un aviso providencial, advirtiéndote que no debes exponer tu vida sin motivo.

—¿Y por qué se detuvo el jabalí y no me atacó? —inquirió intrigado Gengis Kan.

—Porque no ha llegado tu hora todavía —le respondió Yeliu-Chutsai.

Sin quedar satisfecho el jefe mongol con las explicaciones de su consejero, quiso conocer la opinión del sabio chino Chang-Chun.

—¿Qué opinas de este hecho tan extraño? —le preguntó.

Y el anciano filósofo, con una sonrisa comprensiva, moviendo la cabeza le respondió:

—Que ya no estás en edad de dedicarte a la caza, ni a otras diversiones.

Gengis Kan protestó indignado:

—Aunque tenga sesenta y un años, aún me siento bastante fuerte y con el valor necesario para combatir con quien sea. Y dando un puñetazo sobre la mesa añadió:

—¡Que no crea nadie que ya estoy viejo!

El sabio chino, sin dejar de sonreír, le dijo con acento cariñoso y paternal:

—En las plantas, cada año después del invierno, viene otra vez la primavera. Pero no hay que olvidar que en la vida de los hombres no ocurre lo mismo. En éstos, después del invierno viene la muerte.

—¿Entonces, yo...? —le interrumpió Gengis Kan.

—Tú has entrado en el invierno, amigo mío —le contestó el sabio Chang-Chun.

Estas palabras dejaron al jefe mongol silencioso y pensativo, y como si hablara consigo mismo, dijo:

—Cuánto cuesta renunciar a lo que tanto se ha amado durante toda la vida...

—Es verdad —repuso el filósofo—. Pero no se trata ahora de renunciar, sino de comprender.

—Tienes razón —dijo Gengis Kan—. Nunca olvidaré tus palabras.

Y tanta impresión causaron en él las reflexiones del sabio Chang-Chun, que a partir de aquel momento ya no volvió a participar en alguna cacería importante, ni en ningún juego violento, como anteriormente lo hacía.

Un día, ante las constantes peticiones del filósofo chino por regresar a su patria, Gengis Kan lo dejó partir, ordenando que lo acompañara una numerosa escolta. Pero antes quiso entregarle un rico presente, que el sabio rechazó con una sonrisa.

—¿Para qué quiero riquezas y honores? —le dijo—. Tu amistad es el regalo más valioso que puedes hacerme.

Sin embargo, hasta el día de su muerte, que ocurrió en agosto de 1227 —el mismo mes y año en que murió también Gengis Kan—, vivió en el palacio imperial de Pekín, en unas habitaciones destinadas para él por orden expresa del Kan mongol.

*

Al cabo de siete años de ausencia, Gengis Kan, cansado y envejecido, decidió regresar a sus tierras de Mongolia. Añoraba sus estepas del Gobi y sentía vivos deseos de volver a contemplar los altos y centenarios árboles de los montes Altai.

Podía sentirse satisfecho de la brillante campaña realizada. La victoria había sido su aliada y la fortuna su compañera inseparable. Todos sus hombres estaban enriquecidos, pues habían conseguido un botín tan rico como nunca antes lo soñaran.

Sin embargo, una sombra velaba los pensamientos de Gengis Kan y le hacía estar constantemente preocupado. Sus hijos y generales, obedeciendo sus órdenes, se habían presentado ante él para rendir un amplio informe de la tarea que les había encomendado. Pero Jutchi, su hijo mayor, lo había desobedecido y no se había presentado, a pesar de los muchos requerimientos que le había hecho.

—¿Por qué?

Siempre le contestaban que estaba enfermo. Pero Gengis Kan no creía en semejante enfermedad y lo consideraba como una desobediencia de su hijo.

Gengis Kan, seguido de sus mongoles, continuaba su marcha hacia el Este. No tenía prisa y su caminar era lento y tranquilo. Era el viaje más cómodo y agradable que había realizado en su vida.

A cada momento esperaba ver aparecer a su hijo Jutchi, y esta esperanza le hacía retardar aún más su marcha.

Caravanas interminables cargadas con el rico botín ganado en aquellos años, iban delante de Gengis Kan y su séquito camino de Karakorum. Cientos de carromatos e innumerables rebaños, con miles de caballos y "yacks", daban la impresión de que todo un país emigrara hacia otras tierras.

Los mongoles, acompañados de sus familias, gozaban plenamente de aquella marcha sin prisas ni agobios. Miles de esclavos de ambos sexos cuidaban de montar y desmontar las tiendas, y del orden y limpieza del campamento. A ellos estaban encomedadas todas las tareas duras, y esto permitía a los mongoles pasar los días dedicados a la caza y al descanso.

En carros destinados para tal efecto, iba la parte del botín que recibirían los familiares de todos aquellos que habían muerto en la campaña, para los cuales Gengis Kan había ordenado que se les destinara también su parte, como si vivieran.

Todos los mongoles eran inmensamente ricos, y con las riquezas que llevaban consigo, podían vivir como verdaderos potentados. Esclavos y servidores obedecían sus órdenes y por todas partes no se veía más que ostentación y abundancia.

En aquellos que regresaban ahora vencedores a su patria, nadie hubiera reconocido a los que unos años antes pasaron miserables y llenos de pieles y harapos.

Aquella marcha lenta hacia Oriente duró un año, y durante todo este tiempo Gengis Kan siguió esperando cada día el regreso de su hijo. Pero éste seguía sin aparecer.

Los demás habían acudido. Y hasta Subutai, a pesar de la distancia que lo separaba, llegó cuando ya estaban todos en camino hacia Karakorum. Las victorias conseguidas se veían bien a las claras con todos aquellos miles de prisioneros de razas extrañas y los cientos de carros cargados con rico botín ganado al enemigo.

El indomable Chepé-Noyon, cuando regresaba de Occidente, había muerto a causa de una traidora y corta enfermedad, en las cercanías del Turquestán. La muerte del "Príncipe Flecha" afectó vivamente a Gengis Kan, ya que sentía por él un gran cariño. En su memoria hizo detener tres días la marcha, y durante ellos no salió de su tienda, ni recibió a nadie.

Sólo los relatos que Subutai le hacía de los países que había visitado en Occidente, lo distraían un poco de la preocupación que sentía por no ver a Jutchi.

Cada vez que lo mandaba a buscar, le decían que seguía enfermo.

Encarándose con su fiel Subutai, le comentaba:

—Ni siquiera acude para darte las gracias por las tierras que has conquistado para su reino, ni para escuchar el informe más estupendo que jamás he oído.

Y Subutai, para distraerlo, seguía contándole acerca de las cosas que había observado en la entrada de Europa, y de las posiblidades de su conquista tan pronto lo considerara oportuno.

—No estoy para más guerras —le contestó Gengis Kan, de mal humor.

Aquella noche llegaron a su tienda dos "flechas" procedentes de China. Eran portadores de tristes noticias. Le avisaron que Muchuli había muerto.

Esta noticia dejó abatido a Gengis Kan. Durante cuarenta años Muchuli había sido uno de sus más fieles y competentes generales. Él había tomado Pekín, y por espacio de ocho años había seguido en China cosechando laureles para el imperio de los mongoles.

Momentos después, también le dijeron que el emperador Suan-Sung había fallecido y que su hijo Chu-Su lo había sucedido en el trono.

Aquel viaje parecía ser pródigo en noticias desagradables, ya que la muerte de Chepé-Noyon también le fue notificada poco después de partir.

—Por el momento que Buru suceda a su padre Muchuli, en el gobierno de China —ordenó Gengis Kan.

Y mientras un "flecha" partía para Catay a toda prisa, Gengis Kan proseguía su viaje lentamente hacia Mongolia, sin poder apartar de su mente la desobediencia de su hijo Jutchi. Pensaba en darle un escarmiento ejemplar.

Al día siguiente, llegó un mongol a su tienda pidiendo hablar con él para comunicarle un asunto de mucha importancia.

—He visto cazando a tu hijo Jutchi —le dijo.

—¿Es verdad eso? —preguntó Gengis Kan sin poder dominar su ira.

—¡Sí! —afirmó con seguridad el mongol.

Y al salir éste de la tienda, estalló violenta y amenazadora la cólera de Gengis Kan.

—¡Que vengan inmediatamente mis hijos! —ordenó.

Y cuando éstos se hallaron en su presencia, les dijo:

—Reunan todo el ejército y salgan en busca de su hermano Jutchi. A él tráiganlo atado de pies y manos, y si alguien opone resistencia, arrásenlo todo. ¿Entendido?

Los hermanos se miraron entre sí, extrañados de aquella orden tan terrible. Pero al ver el gesto colérico de su padre, respondieron sumisos y obedientes:

—Sí, padre.

Todo el mundo interrumpió el camino de regreso y bien pronto aquella marcha pacífica se convirtió en un precipitado saltar de los guerreros sobre sus caballos de combate.

Las trompetas sonaban llamando a todos los mongoles, con la misma impaciencia que si un enemigo cercano los amenazara.

El consejero Yeliu-Chutsai intentó apaciguar los exaltados ánimos de Gengis Kan.

—Vas a provocar el estallido de una guerra fratricida entre los mongoles —le dijo.

—No consentiré que nadie me desobedezca —gritó el jefe mongol—. ¡Y menos a un hijo mío!

—Reconoce serenamente que esta discordia puede acarrear serios y graves peligros —le repuso el consejero.

Y al ver que Gengis Kan no le respondía, agregó:

—Vale más que mandes una embajada y no un ejército. ¡Quizá consigas más!

Pero Gengis Kan, con una furia incontenible, le respondió dando fuertes voces:

—¡Está loco! ¿Sabes? ¡Y un loco no puede reinar!

Sólo había quedado en el campamento un número de hombres suficiente para garantizar la seguridad de la caravana. El resto partió hacia el "ordu" de Jutchi como si fueran a conquistar la plaza más difícil de un poderoso enemigo.

Pero el asombro de Gengis Kan no tuvo límites cuando, al día siguiente, apareció en su tienda uno de los hijos de Jutchi, que con lágrimas en los ojos le dijo:

—¡Abuelo, mi padre ha muerto!

Y entonces fue cuando Gengis Kan se enteró de toda la verdad.

—¿No es cierto que tu padre fue de caza? —preguntó a su nieto.

—No, abuelo. Los que iban eran sus oficiales y generales.

—¿Por qué no vino tu padre cuando lo llamé? —le preguntó Gengis Kan.

—Porque estaba mortalmente enfermo y no podía hacerlo como hubiese sido su deseo —respondió su nieto.

Gengis Kan, con la cabeza entre las manos, se quedó silencioso y abatido, como si nada existiera ya para él. A pesar del dolor tan grande que sentía, ni una lágrima derramó, ni una queja se le oyó. Con una entereza impresionante, ahogó su pena dentro de su pecho. Tan sólo, abrazando estrechamente a su nieto, exclamó:

—¡Que me perdone por haber dudado de él! ¡Pobre hijo mío! ¡Qué injusto he sido con él!

Unos segundos después, los "flechas" salían disparados para detener al ejército que se dirigía hacia el reino del fallecido Jutchi, con la orden de regresar lo más rápido posible.

Gengis Kan, encerrado en su tienda y solo con sus pensamientos, estuvo así hasta que sus hijos regresaron. Había reconocido la fidelidad del fallecido Jutchi, y su atención al enviarle el magnifico presente de los veinte mil caballos.

—¡Él no podía venir! ¡Pobre Jutchi! ¡Perdóname, hijo mío! —exclamaba con la cabeza hundida en el pecho.

Cuando salió de su tienda, ya más sereno, con voz amenazadora ordenó a sus hombres:

—Traigan al hombre que me dijo que había visto a mi hijo Jutchi cazando.

Varios días después regresaron sin haberlo encontrado, a pesar de haber recorrido centenares de kilómetros y no haber dejado ningún lugar por reconocer.

Gengis Kan, sin hacer ningún comentario, ordenó que continuaran el viaje hacia Karakorum.

Ya estaban cerca de la ciudad. De haber querido, en un par de jornadas hubieran llegado a ella. Ahora Karakorum ya no era la misma, pues había cambiado mucho en estos años de ausencia. Como una mágica alfombra de vivos colores, se extendía por el desierto.

La riqueza de los mongoles había hecho que éstos adquirieran la afición por el lujo, y ahora sus tiendas se cubrían de ricas sedas y valiosos tapices, traídos de las mejores ciudades del Islam.

Multitud de grandes caravanas llegaban a diario a Karakorum, procedentes de los cuatro puntos del globo, cargadas con preciadas mercaderías y ricos presentes. Los caminos que afluían a la ciudad, traían también cada día a los príncipes y embajadores extranjeros, que llegaban para rendir pleitesía y tributo de admiración al Kan de los mongoles. Todos ellos llegaban acompañados de numeroso séquito, portador de valiosos obsequios para el conquistador mongol.

A lo largo de las diversas rutas había, de trecho en trecho, paradores en los que podía uno no solamente proveerse de alimentos, sino también cambiar de cabalgadura si lo deseaba.

Para el servicio de los funcionarios y servidores del Kan, había en todo momento caballos de refresco, para que éstos pudieran cambiar de montura lo más rápido posible. Gracias a ello, los "flechas" podían cumplir su misión con la velocidad que lo hacían.

Lo curioso del caso es que los mongoles, en Karakorum, preferían vivir bajo sus lujosas tiendas antes que en algunas de las casas que poco a poco se iban construyendo.

Decían que se sentían más libres así. Y este mismo parecer lo tenía Gengis Kan, quien habituado a su tienda no consentía en dejarla.

Ante la extrañeza de los príncipes de todos los países, al ver a aquel emperador vestido humildemente y viviendo bajo una tienda, Gengis Kan solía decir:

—El que no me quiera ver que no venga.

*

Desde hacía algún tiempo, Gengis Kan había dejado en manos de su consejero Yeliu-Chutsai y de su hijo Tuli todos los asuntos que no fueran militares.

El Kan mongol quería despreocuparse por completo de todo aquel complicado engranaje que suponía velar, no sólo de la administración de sus inmensos dominios, sino también recibir el vasallaje de cuantos súbditos extranjeros llegaban a Karakorum.

Ahora sentía placer al permanecer alejado de las personas, solitario en su tienda o recorriendo la estepa, acompañado tan sólo de algún amigo íntimo.

En ocasiones decía que se sentía agotado, y con razón, ya que durante cuarenta años, sin interrupción, había llevado a cabo varias guerras.

Durante este largo espacio de tiempo, había reunido bajo su mando a todos los pueblos nómadas de la estepa, y después de forjarlos y de imbuirles un sentimiento de superioridad, los había lanzado en una expedición victoriosa, única en la historia de la humanidad, a la conquista de reinos poderosos.

El pueblo mongol se sintió por encima del mundo entero, y esta fe en su propio destino le proporcionó victorias ininterrumpidas y riquezas incalculables.

Cada día, en vez de sentirse los mongoles más debilitados por la constante sangría de sus luchas, se mostraban, por el contrario, más fuertes y numerosos, y las generaciones que se iban sucediendo ardían en deseos de demostrar que eran dignos sucesores de sus padres.

Cuando por primera vez salieron los mongoles de sus estepas para lanzarse a combatir a otros países, "su aspecto era infernal, insoportable, horroroso", dice el cronista Kirakos. "No tenían nada de humano", asegura Magakij.

Pero los años fueron pasando y con ellos los mongoles, sin perder en nada su espíritu de raza, habían cambiado en su aspecto exterior. "Tienen un aspecto muy agradable", escribió Orbelian, al verlos unos años después.

Gengis Kan había formado su imperio con la dominación de los nómadas sobre los pueblos cultos, y éstos, al quedar con vida, habían de servir a los mongoles victoriosos.

Sólo temía Gengis Kan que al faltar él, al verse sin la voluntad y el brazo férreo que lo mantenía unido, su pueblo se dispersaría al sentirse sin guía, y entonces las fuerzas antagónicas se volvieran unas contra otras. La discordia entre los hombres de su pueblo era lo que más daba que pensar al jefe mongol.

Tenía que encontrar una solución que neutralizara este peligro, que se presentaría, sin duda, en cuanto él muriera.

Iba observando que, aun sin querer, su pueblo ya no era tan austero y sufrido como en un principio, cuando él se puso a conducirlo hacia la victoria. Insensiblemente había ido cambiando. El roce con los pueblos que iba conquistando, los cruces habidos con ellos, iban dejando sus huellas en los mongoles.

Ahora les gustaba el lujo, los placeres y el descanso. Les agradaba ser atendidos por los numerosos esclavos que tenían a su servicio, y en sus tiendas disfrutaban de todas las comodidades conocidas en la época.

Gengis Kan pensó que la inactividad era la culpable de todo, y estaba convencido de haber encontrado la solución buscada.

Como el pueblo era fuerte y disciplinado, y se contaba con una serie de generales valerosos y de estrategas ingeniosos y de talento, no dudó un solo instante en creer que lanzándolo de nuevo a la lucha, todo se podría solucionar.

Es a partir de entonces cuando Gengis Kan vuelve a madurar sus viejos proyectos de dominación mundial. Y para la organización de aquel reino gigantesco, ahora cuenta con su amigo y consejero Yeliu-Chutsai, al que no sin razón considera como el mejor hombre de Estado de aquel tiempo.

Sólo le faltaba decidir en qué dirección lanzaría aquel alud invencible. Y como cada vez que tenía que tomar una decisión importante, también en esta ocasión quiso aislarse de todos, y acompañado de unos cuantos servidores se dirigió hacia las montañas.

En aquel lugar, bajo los árboles gigantes que allí crecían, se puso a meditar sobre los graves problemas que debía resolver. Pensó ante todo en sus propios hijos y en cuál sería el que ocupara su puesto cuando él faltara. Uno por uno fue estudiando las cualidades que cada quien tenía y los defectos que podían malograr el desempeño del importante cargo.

Foto de una ciudad moderna de los mongoles.

Luego, más fortalecido y lleno de conformidad, abandonó el bosque y regresó a Karakorum, en donde ya lo aguardaban problemas urgentes qué resolver.

Al acercarse a la ciudad, vio recostarse en el horizonte el magnífico palacio imperial, en el que se albergaban todos los departamentos necesarios para la tesorería y la gobernación, así como también los grandes almacenes para las diversas mercaderías.

Por las amplias y numerosas carreteras circulaban interminables caravanas, que afluían desde los puntos más lejanos del imperio, y por la inmensa estepa se veían los prados cubiertos de rebaños de caballos y "yacks", apacentando tranquilamente. Y fuera del recinto amurallado de la plaza, miles y miles de tiendas ponían una nota de color al paisaje.

Gengis Kan sonrió complacido al ver todo aquel abigarrado conjunto, y sintió un íntimo orgullo al reconocerse autor de toda aquella prosperidad que presenciaban sus ojos.

Aquello era Mongolia y aunque no era la misma región en que él había nacido, acabó reconociendo que debía ser el centro fijo de su imperio.

Con la satisfacción pintada en el rostro, espoleó su caballo y al trote entró en la ciudad entre las aclamaciones de sus súbditos que, al reconocerlo, le mostraban su afecto y agradecimiento por haberles proporcionado tanta prosperidad.

Tan pronto como Gengis Kan llegó a su tienda, mandó llamar a su consejero y le dijo:

—Antes de morir quiero que se reúna un "kurultai" o Gran Consejo de todos los nómadas. Da las órdenes necesarias para que pueda celebrarse lo antes posible.

Yeliu-Chutsai, de inmediato mandó mensajeros hacia todas las direcciones, solicitando la presencia de todos en el Gran Consejo.

Hubo grandes festejos antes de su celebración. De todas partes llegaban los príncipes y generales mongoles, acompañados de numeroso séquito y ricos presentes para Gengis Kan.

En la pradera que circundaba la ciudad, montaban sus tiendas los recién llegados. Sus estandartes de diferentes colores, según el país de donde procedían, flotaban al viento, poniendo una nota multicolor y agradable en el inmenso campamento.

Más de dos mil hombres habían sido invitados al Consejo, y todos ellos iban llegando a diario, presurosos y contentos, para ver a Gengis Kan, al que muchos no habían visto recientemente. El ser recibidos por él era el mayor honor a que podían aspirar, y todos esperaban este ansiado momento.

En la ciudad reinaba la animación y el contento, y con galas de fiesta todos esperaban la celebración de tan grande acontecimiento.

Capítulo 13

Progreso y civilización de los mongoles

Había comenzado el desarrollo del imperio mongol, pero faltaba asegurar su continuación y engrandecimiento. El pueblo respiraba libremente, y el comercio, la agricultura y la industria cobraron pronto un gran florecimiento, gracias al intercambio existente entre los distintos países.

Los gobernadores mongoles administraban con justicia y equidad a los pueblos sometidos. Cada determinado tiempo, se celebraban exámenes públicos para proveer de funcionarios aptos que ocuparan los cargos vacantes, y en éstos podían participar incluso los esclavos y prisioneros. Los más sabios y competentes eran designados jueces y funcionarios administrativos, destinados después a las distintas provincias del vasto imperio mongol.

La malversación de fondos y el abuso de confianza eran castigados con la pena de muerte.

La administración civil quedó separada rigurosamente de la militar, y tribunales especiales juzgaban los delitos de acuerdo con las leyes establecidas.

Se hizo el censo de toda la población y se crearon impuestos regulares que todos debían pagar, ya fuera en dinero o en mercaderías, tales como cereales, ganado o telas.

Un cuerpo especial de policía cuidaba de la seguridad de los habitantes, y éste acabó con el rapto de personas, tan corriente en aquellos tiempos, con las requisas y las tasas arbitrarias. Las caravanas podían circular por cualquiera de los caminos del imperio sin ningún temor a ser desvalijadas. Y ésta fue la razón de que el comercio se incrementara enormemente entre los pueblos distantes.

Se crearon escuelas, y pronto se llenaron de niños mongoles que acudían para aprender, enseñados por sabios maestros extranjeros a los que se les concedió la libertad.

El papel moneda se convirtió en el dinero más apreciado y era de curso legal en todas partes.

Gengis Kan podía sentirse satisfecho. Ni él mismo pudo haber sospechado que todo aquel complicado engranaje pudiera funcionar tan maravillosamente, ni que pudiera dar al pueblo tanto bienestar.

Ahora reconocía que en su inmenso reino había lugar para sus guerreros y para los vencidos, para la cultura y para la conquista.

—Te felicito —le dijo un día a su sabio consejero Yeliu-Chutsai—, porque has sabido hacer de mi pueblo lo que yo creí un imposible.

El consejero sonrió, agradeciendo la lisonja, y le respondió con humildad:

—Sobre un caballo se puede conquistar un reino, pero es imposible gobernarlo.

*

Un poco antes de la reunión del "kurultai", se realizó una alegre partida de caza a la que asistió Gengis Kan, pero sin tomar parte en ella. Todos sus familiares intervinieron; y hasta sus nietos más pequeños, armados con sus arcos, participaron en la bulliciosa cacería.

Muchos de ellos era la primera vez que asistían a semejante fiesta, ya que para los mongoles la caza era su mayor diversión. Los hijos de Tuli: Hulagu, de once años, y Kubilai, de nueve, montados en pequeños y veloces caballos, estaban también entre los de la partida, y al lado de su padre gritaban y reían entusiasmados, esperando el momento de abatir su primera pieza.

Muy pronto de entre los matorrales salió un ciervo, y Hulagu salió galopando tras él, mientras Kubilai se lanzaba tras una liebre que se alejaba rápida entre las matas.

No tardaron en regresar los dos hermanos, cada uno con la pieza que acababa de matar. Era la primera que conseguían, y orgullosos y emocionados la mostraban a sus mayores. Entre plácemes y risas llegaron hasta Gengis Kan, que había presenciado la escena desde un lugar alto.

Y como era costumbre de aquellos tiempos que con la carne y la grasa del primer animal cazado por un niño, se le frotaran los pulgares, para que siempre le acompañara la suerte en la caza, Gengis Kan descendió de su caballo y riendo dijo:

—Yo mismo voy a hacer la ceremonia.

Y con su puñal hizo un corte en el cuerpo de los animales y restregó los pulgares de los niños en ellos.

Todos reían contemplando aquella escena. Sólo el niño Kubilai permanecía serio, como si meditara en cosas serias y profundas.

Al darse cuenta de ello, su abuelo le preguntó:

—¿En qué piensas, Kubilai?

Y antes de que el niño contestara, añadió riendo, dirigiéndose a todos los presentes:

—Cuando no sepan qué determinación tomar, pregunten al pequeño Kubilai.

Gengis Kan no podía imaginar que algún tiempo después, aquel a quien ahora veía tan digno y serio, sería el Gran Kan, bajo cuyo reinado el imperio mongol llegaría a su más alto grado de florecimiento, y sus dominios se extenderían poderosos desde el Océano Pacífico hasta el Adria.

*

El Gran Consejo se celebraría en una pradera de un circuito de siete leguas. Todos los caudillos e invitados se hallaban reunidos formando un gran círculo. El sitio era ideal y la primavera hacía que por todas partes se vieran florecer los inmensos campos.

Cuando Gengis Kan apareció ante el Consejo, se hizo un silencio impresionante y todos quedaron anhelantes en espera de las palabras del jefe mongol.

Éste hizo un resumen de todas sus campañas. Les habló de sus primeros tiempos y luego siguió haciendo una exposición de sus conquistas en China, de la destrucción del imperio de Mohamed y de la invasión de Europa.

Todos los países que formaban su dilatado reino, fueron examinados uno por uno.

—Pero este imperio que tantos esfuerzos nos ha costado levantar, no puede ser dividido —dijo.

Luego, con voz penetrante, añadió:

—Mi vida es corta y no alcanza para poder terminar con la conquista del mundo. No obstante, he conseguido formar un gran imperio que se extiende de Oriente a Occidente en muchos miles de millas, y que yo me veo ya incapaz de recorrer. Sin embargo, si tienen una sola voluntad y están siempre unidos, podrán vencer a todos los enemigos y ensanchar lo que yo les lego hasta que acaben con la total conquista del mundo.

El entusiasmo se desbordó entre los asistentes al Gran Consejo al oir las palabras del jefe mongol. Todos se sentían animados del mejor deseo y estaban decididos a emprender lo antes posible tan ambiciosa empresa.

A continuación, Gengis Kan fue llamando a sus hijos uno por uno y les fue diciendo sucesivamente:

> —A ti, Batu, que eres el heredero de mi hijo mayor Jutchi, te dejo todo cuanto tenía tu padre, más los territorios que se extienden al norte y al oeste de los montes Altai, hasta donde pueda llegar un caballo mongol.
>
> "Chatagai, tú que eres el segundo de mis hijos, recibirás las tierras de los ujguros, el Kara-Chitan y el reino de Corasmia.

"Para ti, Ugodei, te cedo Catay y todos los demás países del Asia Oriental.

"A Tuli, mi hijo menor, siguiendo la costumbre de los mongoles, le dejo mi hogar, el país donde yo he nacido, toda la Mongolia y cuantos bienes particulares tengo.

Cuando terminó de hacer el reparto de su reino, Gengis Kan les hizo saber que aquello no significaba que cada quien podía gobernarse a su gusto y antojo, sino que todos ellos debían estar unidos y dependientes del que heredase su trono.

Entonces, dirigiéndose a los asistentes, les dijo con voz velada por la emoción:

—Les pido a todos que cuando yo muera, obedezcan a mi sucesor con la misma fidelidad que hasta ahora lo han hecho conmigo.

Después de permanecer silencioso unos momentos, habló de esta manera:

—¡Sólo uno de mis hijos puede heredar mi trono! Los tres tienen grandes virtudes y no pocos vicios. ¿Por cuál me he de decidir?

Y al ver que nadie respondía, ordenó:

—¡Vengan, hijos!

Los tres hermanos avanzaron hasta su padre y ante él, cayeron postrados de rodillas a sus pies.

—Lo que tú ordenes será aceptado obedientemente por nosotros —dijo Chatagai.

Gengis Kan, preso de una gran preocupación, contempló durante un rato a sus tres hijos. Luego acarició con sus manos la cabeza de cada uno de los tres y finalmente, dejándola posada sobre la de su tercer hijo Ugodei, exclamó:

—¡Designo a Ugodei como mi sucesor!

Muchos aplausos y enormes aclamaciones, estallaron entre los asistentes al Consejo.

El elegido abrazó a sus otros hermanos y emocionado regresó a su sitio.

Luego, Gengis Kan ordenó que se incluyese en la "Yassa" una disposición, por la cual se estipulaba que tras la muerte del soberano del imperio, todos los descendientes suyos se reunieran inmediatamente en Mongolia en un "kurultai" para elegir al nuevo Kan, al que todos debían someterse.

—Quien lo elija sin la reunión del Gran Consejo, se hará merecedor de la pena de muerte y quedará maldito —dijo con voz penetrante y amenazadora Gengis Kan.

Y como aclaración a sus palabras anteriores, añadió:

—Procuren siempre que sea elegido el más digno, pues con ello todos saldrán beneficiados.

Gengis Kan quería asegurar a toda costa la unidad del imperio, y esto se había convertido en una idea obsesiva para él. Pero como el entusiasmo se desbordaba, se distrajo de sus pensamientos, y después de dar las gracias a los presentes, dio por terminado el Consejo.

*

Mientras tanto, las cosas parecían haber empeorado en algunos reinos, y Gengis Kan se vio precisado a hacer frente a los problemas.

Después de la muerte de Muchuli, el reino de China, que durante tan largo tiempo había permanecido sumiso y obediente, pareció salir de su letargo y empezó a sublevarse en algunos puntos. Pronto empezaron a aparecer focos de resistencia y un ejército chino se decidió a atacar algunas posiciones más débiles.

Las fuerzas mongolas de guarnición en las ciudades, se veían impotentes para resistir a todas aquellas personas que, enardecidas, se lanzaban al ataque para reconquistar sus antiguas posesiones.

A la tienda de Gengis Kan llegaban diariamente los mensajeros con noticias cada vez más alarmantes.

—Los chinos y los tangutas se han unido contra los mongoles —le dijeron un día.

Gengis Kan se puso furioso al oír esta noticia y volviéndose hacia los que estaban en la tienda, les dijo:

—¡Lo que se empieza hay que acabarlo, sea como sea! Yo cometí el error de no vencer por completo a mis enemigos y esta lección la deben aprender ustedes.

Y sin esperar a que alguien hablara, continuó diciendo:

—Es necesario ponerse en marcha antes de que sea demasiado tarde para combatir contra nuestros enemigos.

—¿En pleno invierno vamos a salir? —le preguntó Chatagai.

Su padre le dirigió una mirada cargada de reproches y le contestó:

—No debemos dejar que se unan los ejércitos chinos con los tangutas. Si esperamos a la primavera no llegaremos a tiempo.

Entonces, reuniendo a todo su ejército y acompañado de sus hijos y la mayoría de sus nietos, Gengis Kan se puso en marcha hacia el Sur, mientras otro grupo iba hacia el Este.

Ahora recordaba el jefe mongol la traición del soberano tanguta del reino de Si-Sia, cuando al partir para combatir al Sha Mohamed, se negó a prestarle su ayuda. Gengis Kan sabía que había muerto tiempo atrás, pero su hijo, que le había sucedido en el trono, no se había presentado en su tienda como los demás príncipes, para rendirle tributo y acatamiento. Por el contrario, se había rebelado, y reuniendo junto a sus hombres a los fugitivos de distintas tribus, había logrado formar un poderoso ejército, con el que devastaba las aldeas y ciudades mongolas escasamente guarnecidas.

Como, por otra parte, los chinos estaban haciendo una cosa parecida y los territorios de unos y otros se hallaban limítrofes, era natural que sus ejércitos se unieran para combatir contra el enemigo común que les tenía sometidos.

Y esta coalición era la que Gengis Kan quería desbaratar a toda costa, antes de que llegara el buen tiempo, ya que entonces le sería más difícil vencerlos.

A los pocos días de marcha detuvo su ejército y llamando a Ugodei le ordenó:

—Saldrás de inmediato hacia China, para auxiliar a los de este reino y someter a los rebeldes.

Luego, haciendo presentarse a Chatagai, le dijo:

—Tú atravesarás todo el reino tanguta hasta las montañas, que es donde linda con el reino de China.

Y mientras sus dos hijos partían al frente de sus tropas a cumplir la misión que les habían encomendado, Gengis Kan, acompañado de su hijo Tuli y de varios nietos, ponía sitio a la ciudad de Nin-Sia, donde se había refugiado el rebelde soberano tanguta, confiando en las formidables murallas que defendían la plaza.

También en esta ocasión otra ingeniosa treta de Gengis Kan dio la victoria a las tropas mongolas. Las aguas de los lagos cercanos al río Amarillo se hallaban con una capa muy espesa de hielo. Los mongoles se situaron inmóviles en el centro del lago, y entonces la caballería tanguta se abalanzó sobre ellos en tropel y lanzando gritos aterradores. Pero sus caballos, lanzados a una carrera vertiginosa, empezaron a resbalar y a caer sobre el hielo, y entonces los mongoles aniquilaron totalmente a los tangutas.

La infantería tanguta, al ver aquel desastre, huyó despavorida, pero fue perseguida por los jinetes mongoles y quedó fácilmente derrotada y hecha prisionera. Aquella batalla les costó a los tangutas más de trescientos mil hombres, y todas las aldeas y ciudades, al verse sin ayuda, fueron conquistadas y sometidas.

Siguiendo su costumbre, Gengis Kan perdonaba a todos los que no osaban resistirse. Pero a los que se oponían a su avance, los aniquilaba implacable a sangre y fuego.

En unos cuantos días la comunicación que pudiera existir entre el reino de China y el tanguta, quedó cortada y sus ejércitos deshechos y sometidos.

Y cuando Gengis Kan supo el victorioso resultado obtenido por sus hijos, mientras él sostenía el duro asedio de la ciudad en la que se había refugiado el rey tanguta, respiró tranquilo.

A los pocos días, se presentó en su tienda una embajada del reino de China. Y tan pronto se halló el mensajero en su presencia, mirándolo con fijeza le preguntó:

—¿Qué es lo que quieres?

—Vengo a solicitar la paz en nombre del reino de China —respondió el emisario.

Y entregando a Gengis Kan, como regalo, una bandeja de perlas escogidas, añadió:

—Son lo mejor del tesoro imperial.

El jefe mongol llamó con un gesto a uno de sus servidores y con desprecio le dijo:

—Tíralas ahí fuera y que las recoja quien quiera.

Luego, dirigiéndose al asombrado embajador, le dijo lleno de indignación:

—¡Estoy harto de reyes y príncipes que no saben más que faltar a su palabra! ¡Al diablo con ellos y sus regalos!...

El embajador, asustado, hizo una leve inclinación con la cabeza, y sin pronunciar palabra salió de la tienda del jefe mongol, encaminándose sin parar un momento hacia su reino.

Casi no hacía media hora que éste había salido cuando llegó un emisario tanguta.

—¿Y tú qué quieres? —le preguntó Gengis Kan, malhumorado.

—Vengo a ofrecer la rendición de la ciudad sitiada —contestó.

Y al ver que el jefe mongol permanecía silencioso y mirándolo como si aguardara sus palabras, añadió:

—Y a decirte de parte de mi rey que si te dignas perdonarlo, vendrá personalmente a ofrecerte su respeto y sumisión.

Gengis Kan, sin responder, respiró hondo y, como haciendo un gran esfuerzo, exclamó:

—Di a tu rey que, por mi parte, todo está olvidado y que tendré mucho gusto en verlo.

Al quedarse solo en su tienda empezó a comprender que había envejecido. Notaba que sus fuerzas lo abandonaban y que una gran tristeza lo invadía.

Cuando un poco más tarde entró Yeliu-Chutsai en la tienda, lo encontró desvanecido de bruces sobre la mesa.

—He tenido unos sueños terribles —le dijo Gengis Kan, al volver en sí—. He visto la muerte muy cerca de mí.

El consejero trató de calmarlo, diciéndole:

—Estás muy débil, y necesitas descansar. Anda, acuéstate.

Pero Gengis Kan, sonriendo tristemente, le repuso con voz llena de amargura:

—Mi debilidad nace de mi vejez. Estoy acabado y veo claramente que pronto moriré.

Yeliu-Chutsal le dijo, interrumpiéndolo:

—El exceso de trabajo te debilita y por eso te sientes así. Ya verás cómo mañana te encuentras mejor.

Pero Gengis Kan, sin hacer caso de sus palabras, lo tomó de la mano y con voz suplicante le dijo:

—No, amigo mío, sé que voy a morir pronto. Sólo te pido que veles sin cesar por la conservación del reino que he fundado, y porque mis hijos vivan unidos y felices.

—¡Te lo prometo! —le contestó Yeliu-Chutsai, abrazándolo fuertemente.

Gengis Kan le sonrió agradecido y añadió:

—Necesito ver a mis hijos por última vez, para hacerles mis postreras recomendaciones.

—Yo les avisaré —dijo el consejero, saliendo de la tienda.

Y aquel hombre, que durante tantos años había demostrado su temple y fortaleza, quedó abatido y triste, envejecido y cansado, sumido en sus pensamientos.

*

El campamento de Gengis Kan estaba en la confluencia de tres reinos, y donde él se hallaba, estaba el centro de su imperio.

Las tiendas de los mongoles se habían plantado tanto en el reino de China como en el de Si-Sia o en el de Mongolia. Y allí esperaban la orden de ser levantadas, mientras los guerreros mataban su ratos de ocio cazando por las montañas.

Pero Gengis Kan seguía pensando en la proximidad de su muerte...

Cuando vio entrar en su tienda a su consejero, le preguntó lleno de impaciencia:

—¿Los mandaste llamar a todos?

—Sí, ya están avisados —le respondió Yeliu-Chutsai.

Aquella contestación pareció devolver la tranquilidad al jefe mongol que, más sereno, dijo:

—No me has dicho aún tu parecer sobre la elección que hice de Ugodei para que me sucediera.

Y al ver que su amigo permanecía silencioso, añadió:

—Lo hice de acuerdo con las cualidades que me han parecido más importantes, para ser el emperador de este reino que he fundado.

—Pero ninguno de tus hijos ha heredado tu genio ni tu voluntad, ni tu conocimiento de los hombres —le dijo Yeliu-Chutsai.

—Ya lo sé —le repuso Gengis Kan—. Por eso me vi obligado a elegir después de haber estudiado a fondo las cualidades particulares de cada uno.

El consejero le preguntó entonces:

—¿Y qué viste en ellos para obligarte a decidir?

Gengis Kan, con la cabeza apoyada entre las manos, respondió como si estuviera abstraído:

En Chagatal reconozco una voluntad férrea y una dureza extrema. Parece como si no tuviera sensibilidad. En Tuli he visto que tiene una gran energía y un enorme talento militar.

—¿Y Ugodei? —le cortó el consejero—. ¿No te parece débil de voluntad y, además, dominado por el vicio de la bebida?

—Sí —repuso Gengis Kan—. Pero reconocerás conmigo que, a pesar de todo, es el más inteligente. ¿No te parece?

Y sin esperar contestación, añadió:

—Sabe escuchar a los demás y tiene tal habilidad que aprovecha las aptitudes de los otros. Es tan generoso que se atrae el afecto de todos cuantos tratan con él. Por eso, otro que no hubiera sido Ugodei, habría reñido con sus hermanos, provocando una catástrofe.

—Hay que reconocer que es muy bueno y magnánimo —interrumpió Yeliu-Chutsai.

—Por eso —siguió diciendo Gengis Kan—, he preferido la bondad, el conocimiento de los hombres y la inteligencia, a la voluntad, la energía o el talento militar. ¿Lo comprendes?

—Creo sinceramente que has acertado en tu elección —le contestó el consejero.

Largo rato estuvieron los dos amigos conversando de diferentes asuntos relacionados con el buen gobierno y administración del imperio, hasta que, de pronto, Gengis Kan, como si hiciera tiempo que una idea le obsesionara, preguntó de repente:

—¿Crees que se debe divulgar la noticia de mi muerte, cuando ésta ocurra?

Yeliu-Chutsai se le quedó mirando unos instantes, como si aquella pregunta lo hubiera tomado por sorpresa. Después de meditar unos momentos, contestó:

—Creo que hasta que todas las guarniciones no hayan llegado a su destino, tu muerte debe permanecer en secreto. De esta forma evitaremos posibles levantamientos contra los mongoles.

—Tienes razón —contestó Gengis Kan, reconociendo la prudencia de su amigo.

En esta forma nació el acuerdo de mantener ignorada la muerte del Kan mongol, cuando ésta se produjera, para que todas aquellas fuerzas que él había sometido, no estallaran indisciplinadas tan pronto se enteraran del fallecimiento de su opresor.

Sólo los más íntimos y fieles podrían enterarse de la muerte del emperador.

—Quiero que cuando esto ocurra, me lleven a mi tierra y me entierren bajo uno de los árboles que crecen en los montes Altai —dijo Gengis Kan.

—Así se hará —prometió su amigo.

Al oír aquella promesa, Gengis Kan exhaló un suspiro de alivio, como si un gran peso se le hubiera quitado de encima.

*

Cuando Gengis Kan vio reunidos a su alrededor a sus hijos y a varios de sus nietos, sintió una gran alegría y los abrazó a todos emocionado.

—Los he mandado llamar —les dijo— porque quería verlos a todos reunidos por última vez.

Luego, dirigiéndose a Ugodei, le preguntó:

—¿Estás conforme con mi decisión?

Éste se puso de rodillas y tomando entre las suyas las manos de su padre, le contestó con voz trémula:

—No me creo incapaz de ocupar tu trono el día que faltes, aunque sé de antemano que nunca gobernaré con el celo y la inteligencia que tú lo has hecho hasta ahora. Sólo temo que mis descendientes no tengan las aptitudes ni reúnan las condiciones precisas para heredar este trono que tú me legas a mí.

—Por eso no te preocupes —le replicó Gengis Kan—. Si eso ocurriera y ninguno de tus hijos fuera digno de sucederte, entonces elígelo de entre algunos de mis descendientes.

Luego, dirigiéndose a sus otros hijos, que permanecían silenciosos, les dijo:

—No pretendo hacer hereditario este trono para los hijos de Ugodei, sino que tan sólo quiero mantener la unión entre ustedes. Por eso siempre acepten lo que se acuerde en el Gran Consejo y acaten las leyes de la "Yassa". ¿Lo harán así, hijos?

Y cuando oyó la respuesta afirmativa de sus descendientes, dirigiéndose a Tuli le dijo:

—Hasta que se celebre el próximo "kurultai", tú serás el regente del reino, y todos tendrán que obedecerte como si fuera yo mismo.

En aquel momento intervino Yeliu-Chutsai para decir, dirigiéndose a los familiares del jefe mongol:

—Su felicidad y su vida dependen de que permanezcan siempre unidos y sean de la misma opinión. Sólo así podrán vencer a los enemigos.

Entonces, el jefe mongol, con los ojos brillantes y como si de pronto hubiera recobrado sus energías, les dijo:

—Voy a demostrarles que sólo el buen entendimiento y la unión los puede hacer conservar este imperio que pronto les voy a dejar.

Y dirigiéndose a Tuli, le ordenó:

—Dame mi aljaba con las flechas.

Cuando éste se la entregó, ante el asombro de todos les repartió una flecha a cada uno ordenándoles:

—Rómpanlas.

Todos lo hicieron tal como se les mandaba, aunque ninguno comprendió el porqué de aquella orden tan extraña.

—Eso es lo que les pasará si están desunidos —les dijo Gengis Kan, sonriendo.

Luego mandó traer una nueva aljaba llena de flechas, e hizo que cada uno de los presentes tratara de romper el apretado haz, sin que ninguno de ellos lo consiguiera, por más esfuerzos que hicieron.

—Y esto es lo que ocurrirá si están unidos fuertemente —les dijo el jefe mongol—. Piensen en este ejemplo y no permitan, por nada del mundo, que sus enemigos se rían de ustedes y los conviertan en su presa.

Ni aun en aquel momento en que iba abrazando a cada uno, a medida que salían de la tienda para no volverlos a ver, se vio en el rostro de Gengis Kan la menor sombra de flaqueza, ni una lágrima en sus ojos.

Gengis Kan sentía que la muerte se acercaba, y le preocupaba el reino de China, al que consideraba como el mayor enemigo que tenían los mongoles.

A su hijo menor, Tuli, que había quedado junto a él como regente, le dijo, ya casi moribundo:

—Mantén en secreto mi muerte hasta que todos estén de nuevo en sus reinos. ¿Comprendes? Y sobre todo, prepara un plan de campaña para acabar con la resistencia del reino de China. ¡No lo olvides !

Luego le hizo una serie de recomendaciones sobre este particular, y le dio infinidad de consejos para que no se dejara sorprender por la astucia de los chinos.

*

Gengis Kan, como buen nómada, sin una queja, murió en su lecho el día 18 de agosto de 1227.

Sólo los príncipes, los generales, y el consejero Yeliu-Chutsai, podían entrar en la tienda. El que incumpliera esta severa orden tenía pena de muerte.

Ante la blanca tienda de Gengis Kan estaba clavada una lanza, con la punta hacia abajo, como señal de que estaba enfermo el propietario de la tienda.

Los mil guerreros de la guardia personal del jefe mongol, formaban una férrea muralla alrededor de la tienda, impidiendo penetrar en ella a quien no estuviera autorizado especialmente para ello.

Tuli decidió regresar al Gobi para enterrar allá su cadáver.

Los ejércitos mongoles desmontaron sus tiendas y se prepararon para abandonar las tierras de Catay. Todos ignoraban lo sucedido y por eso cabalgaban alegres, de regreso a sus reinos respectivos.

Pero los jefes tenían en sus rostros una expresión seria, como si los atormentara alguna terrible preocupación.

Aquellos mongoles que hasta llegar a sus distantes reinos habían de recorrer cientos de millas, caminaban apresuradamente como si en vez de regresar de una expedición victoriosa, acudieran a guerrear.

Nadie se explicaba aquel apresuramiento, ni ninguno se atrevía a preguntar la causa. Obedientes, cabalgaban sin cesar y tan sólo al llegar a los puestos de relevo, cambiaban de cabalgadura y seguían galopando sin descanso.

Poco a poco, todos los príncipes y generales fueron partiendo con sus tropas de aquellos territorios, en dirección a sus respectivos reinos.

Sólo se quedaron Tuli con sus hijos, el consejero Yeliu-Chutsai y los mil guerreros de la guardia personal de Gengis Kan.

Entonces, y mientras éstos formaban un cinturón tan compacto que ninguna mirada podía atravesar, desmontaron la blanca tienda y, colocando el ataúd donde descansaba el cadáver del emperador en un gran carro, se pusieron en marcha hacia el Gobi.

La masa compacta de guerreros rodeaba sin cesar el carro en el que yacía Gengis Kan, para evitar que algún ser viviente pudiera contemplar el féretro...

El gran jefe mongol regresaba a su tierra, y en su camino, aquel cortejo silencioso y fúnebre no dejaba tras de sí alma viviente.

Todos los seres vivos, personas o animales, que tuvieran la desgracia de tropezarse con aquel cortejo, eran perseguidos y ejecutados, sin que nada ni nadie pudiera salvarlos de la muerte.

—No quiero que ningún ser viviente vea el túmulo de mi padre —decía Tuli.

Esta ofrenda sangrienta al cadáver del jefe mongol, iba acompañada de un silencio total por parte de los del cortejo. Ni el más leve ruido, ni una palabra tan siquiera, se oyó en todo el camino. Tan sólo los crujidos del carro al rodar rompían aquella quietud.

De pronto el carro, atascado hasta los ejes en el barro, se detuvo sin poder seguir adelante. Todos los esfuerzos que hicieron para hacerlo avanzar resultaron inútiles. Probaron con los más poderosos caballos, pero no consiguieron moverlo.

El terror estaba reflejado en todos los rostros y nadie acertaba a dar la solución.

—¿Querrá que lo dejemos aquí? —dijo Tuli a Yeliu-Chutsai.

—Él ordenó —le dijo éste— que lo enterraran bajo los árboles de los montes Altai.

Entonces el jefe de la guardia, con voz emocionada, exclamó ante el asombro de todos:

—¡Mi Gran Kan! ¿Es que quieres permanecer aquí solo y no regresar adonde naciste? Tu amada esposa, la noble Bourtai, y tu "ordu", te esperan allá. ¿No quieres estar con tu viejo pueblo mongol? Nosotros deseamos conducir tus restos a la patria que te vio nacer. ¿Acaso no quieres que lo hagamos?

Y tan pronto como terminó de pronunciar estas palabras el jefe de la guardia personal, el carro, a un leve tirón de los caballos, salió de su atasco.

El cortejo continuó silencioso como hasta entonces y sembrando la muerte por doquier.

Cuando llegaron a las tierras que habían visto nacer al gran conquistador, una enorme comitiva enlutada y llorosa, presidida por la noble Bourtai, les salió al encuentro, y uniéndose al fúnebre cortejo, lo acompañaron hasta el pie de la montaña.

Los guerreros de la guardia intentaron tomar el ataúd para llevarlo en hombros hasta la cima del monte. Pero como si éste se hubiera adherido fuertemente al carro, no se le pudo desprender por más esfuerzos que hicieron.

—Lo subiremos con el carro —dijeron algunos.

Y allí, a la sombra de un árbol centenario y frondoso, fue enterrado junto con el carro que lo había traído, el más grande conquistador de todos los tiempos.

Los mil hombres de su escolta personal se quedaron como guardia de honor en la montaña, que se convirtió en un lugar de veneración para los mongoles.

Tiempo después, junto al árbol gigantesco bajo el cual había sido sepultado Gengis Kan, crecieron tantos árboles y se hizo tan espeso el bosque, que más tarde nadie pudo hallarlo y se perdió el rastro de la tumba.

*

La noticia de la muerte de Gengis Kan se dio a conocer hasta que todos los príncipes y jefes mongoles se hallaron con sus tropas en sus respectivos reinos, y todo el Imperio se estremeció al saberla.

TÍTULOS DE ESTA COLECCIÓN

Abraham Lincoln
Adolfo Hitler
Alejandro Graham Bell
Alejandro Magno
Beethoven
Benito Mussolini
Buda
Carlota
César Borgia
Charles Chaplin
Cleopatra
Conde Cagliostro
Confucio
Cristóbal Colón
Dante Alighieri
Diana de Gales
Ernest Hemingway
Ernesto Che Guevara
Evita Perón
Federico Nietzsche
Franz Kafka
Gandhi
Gengis Kan
Harry Houdini
Hermann Hesse
Hernán Cortés
Jesús
John F. Kennedy
Joseph Fouché
Juan XXIII
Juana la Loca
Julio César
Karl Marx
Leonardo Da Vinci
Lucrecia Borgia
Mahoma
Marco Polo
María Antonieta
María Tudor
Marilyn Monroe
Marqués de Sade
Miguel Ángel
Mozart
Napoleón
Nicolás Maquiavelo
Pitágoras
Rasputín
René Descartes
Ricardo Corazón de León
San Francisco de Asís
Sigmund Freud
Vincent Van Gogh
Vlad Tepes
William Shakespeare

Este libro se terminó de imprimir
en los talleres de Castillo
y Asociados Impresores,
Camelia 4, col. El Manto,
México, D.F.